SELF

셀프 헬프

HELP

SELF

셀프 헬프

HELP

가브리엘 번스타인 지음

이재석 옮김

불광출판사

나의 영웅 딕에게 이 책을 바칩니다.
당신의 우정과 지도, 그리고 이 책에 대한
흔들림 없는 믿음에 감사드립니다.

조금 전 이 책을 다 읽었다. 눈물이 고였다. 개비(가브리엘의 애칭) 번스타인이 이 책에서 해낸 일이 너무도 고맙고 영광스럽다. 나는 지난 40년에 걸쳐 내면가족체계[Internal Family Systems, IFS] 치료를 만들었는데, 그중 30년은 다소 모호한 상태에서 작업을 해 왔다. 그 힘든 시기에 내가 가졌던 꿈은 자기계발과 영혼의 진실성을 모두 갖춘 존경받는 리더가 내면가족체계의 힘을 안전한 방식으로 대중에게 전달하는 것이었다. 이 책으로 그 꿈이 이루어졌다.

　　나는 내면가족체계를 내담자들에게 전달하는 치료사들을 훈련하는 것으로 나의 경력을 보냈다. 그러는 동안 이 치료법을 적절히 응용하면 사람들의 삶과 관계를 향상시키는 일상적인 수련법이 될 수 있으리란 걸 늘 알고 있었다. 다만 그 방법을 몰랐다. 이때 개비가 등장했다. 그녀는 4년 전 자신의 팟캐스트에 나를 초대했다. 당시 나는 그녀의 이름은 들어 보았지만 그녀가 얼마나 대단한 인물인지는 몰랐다. 미리 알았더라면 훨씬 더 흥분했을 것이다. 우리는 멋진 대화를 나눴다. 나는 그녀가 자신의 과제를 수

행하는 동안 내면가족체계에 매우 열광적이라는 사실에 깊은 인상을 받았다. 이후로 우리는 여러 차례 스스럼없는 대화를 나눴고 친구가 되었다. 그녀가 내면가족체계 1단계 훈련을 받겠다고 했을 때 나는 아주 흥분했다.

그러나 이 책을 읽기 전까지, 나는 그녀가 자신에게 내면가족체계를 사용하고 있다는 사실을 (심지어 그녀 스스로 사용하고 있음을) 몰랐다. 또한 그 작업이 참나[Self]가 인도하는 존재로 살아가는 그녀의 능력에 얼마나 큰 영향을 미쳤는지도 알지 못했다. 그녀가 독자들 스스로 내면가족체계를 사용하도록 안내하는 책을 쓰고 싶다고 말했을 때, 나는 흥분하면서도 조금은 걱정이 되었다. 내가 그동안 내면가족체계를 대중에게 직접 전하지 않았던 이유는 트라우마 내담자들과 오랜 시간 상담하는 과정에서 이 작업이 매우 민감한 작업일 수 있음을 알게 되었기 때문이다. 특히 내담자들이 자신의 추방자[Exile] 부분에 다가가는 경우에 그렇다. 추방자 부분이란 과거의 트라우마에 간직된 어리고 연약한 내면 부분을 말한다. 자기 내면에 꽁꽁 숨겨 놓은 부분이다. 한편, 개비의 성공은 상당 부분 영적이고 심리적인 개념과 수련법을 대중에게 적합한 방식으로 풀어내는 능력에서 오는 것 같았다.

이 책에서 개비는 나의 이런 우려에 대한 해법을 찾아냈다. 그녀는 독자들이 내면가족체계의 치료 모델 전체를 사용해야 한다고 주장하지 않는다. 대신 독자들을 관리자-보호자 역할을 하는 내면 부분(이것을 에고라고 한다)으로 안내한다. 이로써 독자들이 그것을 다른 방식으로 알게 할 뿐 아니라 호기심, 평온함, 명료함, 연민, 확신, 연결의 특성을 갖는 참나를 신뢰하도록 돕는다[이 책의 원제목이 '참나의 도움(Self Help)'인 이유다]. 나아가 그녀는 이러한 목적을 달성하는 데 도움이 되는 분명한 지침이 담긴 수련법과 명상법을 전한다. 그녀는 만약 당신이 이를 실천하는 과정에서 자신의 추방자와 만난다면, 주변의 수많은 내면가족체계 치료사나 수련가에게 연락해 그 부분을 치유한 뒤 매일 5분씩 보호자 부분을 만나는 일상 연습으로 돌아오도록 권한다.

작가이자 강연자로서 개비의 장점은 용감하게 자신을 드러내는 데 있다. 그녀는 과거의 트라우마뿐 아니라 자신의 내면 부분이 그녀를 보호하기 위해 맡았던 극단적인 역할까지 가감 없이 드러낸다. 많은 독자가 그녀의 내면 부분을 보면서 자기 이야기라고 느낄 것이다. 일중독 부분, 중독자 부분, 통제자 부분, '칼을 빼든' 공격적인 보호자 부분, 방어적인 부분, 자기를 비난하는 판사 부분, 공의존 부분[codependency: 자신을 필요로 하는 상대방으로부터 정서적 욕구 및 존재가치를 느끼고, 이를 위해 자신 또한 상대방에게 의존하게 되는 관계를 말한다. '동반의존'이라고도 한다-옮긴이], 완벽주의자 부분이 모두 그렇다. 한때 이 보호자들이 그녀의 삶을 지배했지만, 이제 그들은 참나의 도움으로 내면에서 그녀를 돕고 있다. 이에 관한 그녀의 이야기는 우리에게 영감을 주기에 충분하다. 참나의 도움을 받고 내면가족체계를 받아들이면서 그녀는 자기 내면 부분을 더 이상 비난하지 않는다. 연민과 용서로 그것을 품어 안는다.

요즘에는 자신에게 일반적인 방식으로 연민을 베푸는 방법을 알려 주는 지침이 많다. 그러나 개비가 소개하는 과정은 우리 안의 '좋은' 부분들만 돌보는 방법이 아니다. 개인적인 이야기를 통해 그녀는 우리 안의 '모든' 부분, 심지어 우리 삶을 망가뜨린 부분에도 연민과 사랑을 보내는 법을 알려 준다. 그것들이 변화될 수 있는 방식으로 말이다. 그녀는 이것을 '4단계 내면 점검 과정'이라 부르며, 우리 내면의 서로 다른 힘겨운 부분들에 이를 적용하도록 돕는다. 자신의 내면 부분을 돕는 일상 수련뿐 아니라 누군가 당신의 감정을 자극할 때도 이 방법을 사용할 수 있다. 이를 통해 내가 유턴(You-turn)이라고 부르는 초점의 전환을 배울 수 있다. 이는 자극받은 내면의 보호자가 주도권을 쥔 상태에서 당신을 자극한 상대를 공격하는 것이 아니라 내면의 보호자를 품어 안는 것을 말한다. 이때 당신은 참나의 관점에서 자신의 보호자 부분을 위해 말할 수 있으며, 이것이 언제나 더 나은 방식이다.

개비가 증명하듯이 내면 점검 훈련을 주기적으로 할수록 내면 부분들은 당신을 리더로서 더 신뢰하게 된다. 이것이 내면가족체계의 가장 큰 목표 중 하나다. 이제 선순환이 시작된다. 당신이 이끌도록 허용할 때 상황이 나아지는 것을 보게 되면, 내면 부분들은 당신에게 주도권을 주는 것이 더 현명한 방식임을 믿게 된다. 마치 실제 가족 관계에서 '부모 역할'을 떠맡은 아이가 부모를 믿고 부담감을 내려놓듯이, 삶을 이끌기에 너무 어린 당신의 내면 부분들이 자신의 책임을 내려놓고 편안해질 수 있다. 당신이 주도하는 상황을 자주 접할수록 내면 부분들의 극단성이 줄어들어 당신에게 더 도움을 주는 존재가 될 것이다.

이 책을 통해 개비는 나를 비롯한 많은 사람이 내면가족체계의 치유력을 더 많은 사람에게 전하고, 모든 사람이 그것을 누릴 수 있는 길을 열어 주었다. 앞에서 말했듯이 이 책으로 내 꿈이 이루어졌다. 정말 감사한다!

– 리처드 C. 슈워츠 박사, 내면가족체계 창시자

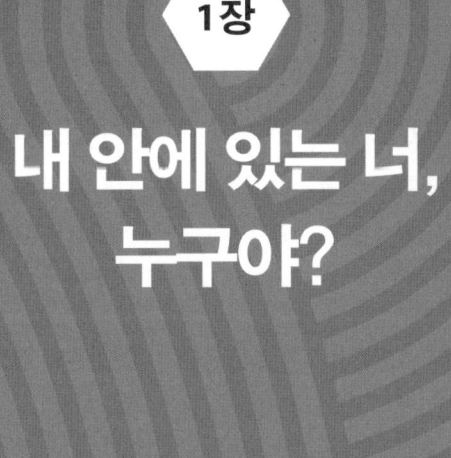

1장

내 안에 있는 너,
누구야?

노트북 옆에 커다란 커피잔을 놓아두고, 나는 지금 뉴욕의 한 아파트에 홀로 앉아 있다. 커피는 책을 쓰는 동안 나의 동반자다. 키보드 위로 손가락이 움직인다. 나는 뛰어들 준비가 되었다. 그러나 동시에 내 안의 어떤 부분은 두려움에 떨고 있다.

내가 사기꾼처럼 느껴진다. "무슨 자격으로 내면가족체계 치료의 원칙으로 자기계발서를 쓰는 거지?" 내면의 목소리가 계속 속삭인다. "심리학 자격증도 없는데, 제대로 쓸 수 있겠어? 바보 같아. 난 자격이 없어. 사기꾼이야."

나는 내 안의 그 부분을 억누르기보다 들여다보기로 한다. 호기심으로 생각과 느낌, 감정을 관찰한다. 배가 조이고 가슴이 답답해진다. 마치 매듭처럼 조여 오는 느낌이다. 나는 시간을 들여 더 많은 정보를 모은다. 우선, 내 안에서 이렇게 말하는 부분이 여성이라는 걸 알았다. 그녀의 나이가 궁금하다. "열 살이야." 그녀가 말한다. "조금 전 수학 시간에 내가 좋아하는 애가 나더러 멍청이라고 했어. 주먹으로 배를 한 대 맞은 기분이야. 창피해. 하지만 그 애 말이 맞아. 난 수학에 완전 젬병이거든. 집중도 못 하고. 난 정말 멍청해."

나는 내면에서 들리는 이런 비난의 목소리가 익숙하다. 어쨌거나 35년이나 나와 함께한 그녀니까. 나는 그녀의 말을 억누르기보다 지금 무엇을 말하고 있는지 지켜본다. "나는 정말 멍청해." 그녀는 이 말을 반복하고 있다.

그런데 내 안에는 그녀를 안아 주고 싶어 하는 부분도 있다. 그 부분은 그녀가 실제로 얼마나 스마트한 사람인지 알려 주고 싶어 한다. 그녀는 뉴욕타임스 베스트셀러 1위 작가로 지금 열 번째 책을 쓰고 있다! 내면가족체계 치료 훈련을 받은 그녀는 이해하기 어려운 영적·개인적 성장 원칙을 누구나 쉽게 알 수 있는 방식으로 풀어냈다. 그런 그녀가 자랑스럽다. 지금 내 마음은 활짝 열려 있다.

나는 가슴에 손을 얹고 연민의 마음으로 그녀와 연결해 이렇게 묻는다. "네게 필요한 게 뭐니?" 그녀가 대답한다. "날 믿어줘." 고요한 사랑의 에너지가 나를 통과하자 내면의 대화가 바뀐다. "너의 경험을 사람들과 나눠. 이건 네가 가진 재능이야. 네 이야기와 살아온 경험으로 사람들이 치유될 거야." 그 순간 용기의 감각이 샘솟는다. 그녀는 이 용기의 느낌을 믿는다. 더 이상 자신이 부족한 존재라는 수치스러운 감정에 마비되지 않는다. 그녀는 희망을 느낀다. 안전하다고 느낀다. 나는 깊이 숨을 들이쉰 뒤 키보드에 손을 얹는다. "그래, 이제 시작할 때야."

내 삶을 송두리째 바꾼 기적

이 짧은 내면의 대화가 지극히 심오하지 않았다고 생각한다면 오산이다. 나를 부족한 존재로 여기는 내면 부분과 나눈 짧은 연민의 대화를 통해 나는 중심을 되찾고 스스로를 재정비할 수 있었다. 내가 느끼는 두려움에 호기심을 갖고 계속해서 내면의 비판자를 향해 연민의 마음을 보내자 앞으로 나아갈 용기가 생겼다.

실제로 무슨 일이 일어난 걸까? 어떻게 나는 두려움에서 용기로 순식간에 옮겨 갈 수 있었을까? 어떻게 자연스럽게 연민의 마음이 일어나 나를 도왔을까? 그리고 어떻게 연민의 마음이 지닌 에너지를 신뢰하면서 두려움을 물리칠 수 있었을까? 이런 방식으로 스스로를 돌볼 수 있는 건 내가 내면가족체계 치료에 전념한 결과다. 내면가족체계는 나의 삶을 바꾼 치료 모델이다.

열정적인 영적 수련자였던 나는 20년 넘게 다양한 치유법과 영적·개인적 성장의 길을 모색해 왔다. 그중에서도 내면가족체계는 내 삶에 가장 큰 변화를 가져온 방법이다. 나는 내면가족체계를 개인적·전문적 영역을 포함한 삶의 모든 영역에 자연스럽게 통합해 왔다. 7년 넘게 치료사와 함께 이 모델을 연습하고, 내면가족체계 연구소에서 진행자 훈련에 참여하며, 팟캐스트·라이브 강연·소셜 플랫폼을 통해 청중들에게 이 방법을 소개해 왔다. 이 치료 모델은 나의 경력, 결혼 생활, 육아, 인간 경험에 깊은 변화를 가져왔다. 그 영향이 너무 커서 나는 내면가족체계가 가져온 기적을 기록하고 그것을 사람들과 나누기로 했다.

내면가족체계란 무엇인가

누군가 "당신에 대해 말해 주세요"라고 하면 무엇이 가장 먼저 떠오르는가? 아마 직업과 관련된 경력을 나열하거나 아이들 사진을 꺼내 부모로서의 역할을 보여 줄지 모른다. 반면 이렇게 말할 가능성은 거의 없다. "저는 상처받기 전까지는 재미있는 사람이에요. 그런데 일단 상처를 받으면 내 안의 어떤 부분이 정말 화를 내요. 화가 나면 싸우죠. 그런데 맞서 싸우는 게 통하지 않으면 인터넷에 빠져 무감각해지고 말아요."

우리는 시간이 지나며 쌓아 온 외부적 인식, 즉 우리가 하는 일, 우리가 양육하는 아이들, 우리의 성별, 인종, 종교, 거주 지역 같은 것으로 자신을 규정한다. 외부로 초점을 향한 채 자신에 관해 만들어 낸 이런 허상은 가장 중요한 것, 즉 우리 내면의 진정한 모습을 가려 버린다.

내면 성찰은 고작해야 일주일에 한 시간 진행되는 치료나 잠시 명상 방석에 앉은 시간으로 제한되고 만다. 대부분은 바쁜 일상 때문에 진정한 자아, 자신이 진정으로 원하는 것, 정말로 필요한 것이 무엇인지 성찰할 시간을 갖지 못한다. 우리는 자신의 감정에 귀 기울이기보다 그것을 억누른다. 힘든 삶의 경험에서 치유받기보다 감정을 차단하면서 무감각해진다. 내면에서 일어나고 있는 일을 회피하기 위해 외부로 시선을 돌린다. 그러다 외부의 상황이 힘들어지고 내면의 갈등이 감당하기 어려워지면, 그때는 마약·알코올·폭식·도박 등의 중독 행동에 의지한다. 이는 내면의 자신과 마주하는 것을 회피하는 행동이다.

내면 깊숙이 자리 잡은 느낌과 감정을 직면하는 일은 대부분 사람에게 자연스러운 일이 아니다. 우리는 너무도 자주 자신의 내면 경험을 억누르거나 회피하거나 축소하도록 배워 왔다. 그러나 내면가족체계 모델에는 놀라운 치유 접근법이 존재한다. 그것은 당신의 삶을 근본적으로 변화시킬 잠재력을 지닌 연민의 관점이다. 내면가족체계는 우리 마음이 본질적으로 하위 인격체와 같은 여러 부분[part]으로 구성되어 있다는 전제 위에 성립하는 증거 기반의 심리치료법이다. 내면가족체계는 우리가 가진 격렬한 감정, 생각, 감각, 행동, 반응, 패턴이 모두 '우리 자신'이 아니라 우리 존재의 '일부'라고 가르친다. 우리는 단일한 존재가 아니다. 우리는 어린 시절 겪은 힘겨운 사건들로 만들어진 수많은 부분으로 이루어져 있다.[1]

내면가족체계의 목표는 내면에 존재하는 다양한 부분들을 알아보고 이해하는 것이다. 이를 통해 내면의 생각과 감정에 연민과 친절과 사랑을 보내는 방식으로, 마치 내면을 가족처럼 대할 수 있다. 내면가족체계 치료 과정을 통해 고요한 에너지로 자기 내면의 부분들과 연결되는 법을 배우고, 궁극적으로 그들이 안전함을 느끼도록 도울 수 있다.

우리 안에 나쁜 부분은 없다

2020년 어느 날 오후, 나는 유튜브에서 우연히 내면가족체계 치료의 창시자인 리처드 슈워츠 박사(별명은 딕)의 인터뷰 영상을 접했다. 그가 내면가족체계를 설명하는 1분 동안 나는 소리를 질렀다. "이건 내가 치료사와 함께하는 동안 줄곧 해 왔던 일이잖아!" 내면가족체계를 명쾌하게 설명하는 딕을 보며, 나는 내 치료사가 사용한 방식이 바로 그것임을 알았다. 내 인생 최대의 깨달음 순간이었다. 컴퓨터 화면 너머로 딕의 고요한 연민 에너지가 전해졌다. 나는 오랜 시간 간접적으로 내게 도움이 된 이 치료법에 대해 더 자세히 알고 싶었고, 그의 책을 모조리 구해 읽으면서 멀리서 그의 제자가 되었다!

딕의 책을 읽은 지 6개월 만에 나는 그를 내 팟캐스트에 초대했다. 그가 초대를 수락했을 때 얼마나 기뻤는지 모른다. 평소와 달리 녹음 전에 긴장이 되었지만, 녹화를 시작한 순간부터 에너지는 평온해졌다. 우리는 즉각적인 교감을 느꼈다. 딕의 차분하고 호기심 어린 에너지 덕분에 나는 한 시간가량 이어진 대화에서 진정한 안정감을 느꼈다. 처음 보는 사람 앞에서도 그토록 연약하고 진솔할 수 있는 그의 능력에 경외감을 느꼈다. 녹화를 끝내기 전에 나는 딕에게 내면가족체계 수련가 훈련을 받을 계획이라고 말했다. "어떤 식으로든 내면가족체계를 가르치고 싶어요"라고 말하자, 딕은 즉시 이것이 내가 다음으로 나아갈 단계라는 데 동의하며 그 과정을 지원하겠다고 약속했다.

딕은 매우 직관적인 방식으로 내면가족체계를 개발했다. 가족치료사였던 30대 초반, 딕은 가족치료가 궁극의 해결책이라고 믿었다. 그의 업무 중에는 폭식증 환자를 치료하는 청소년 정신과 병동에서 진행하는 결과 연구도 포함되어 있었다. 그는 기존의 치료사 훈련 방식으로는 환자들이 기대한 결과를 얻지 못한다는 사실을 알았다. 어떤 면에서는 도움이 되기보다 오히려 해를 끼치는 것처럼 보였다. 환자들에게 폭식증을 극복하고 폭식 행동을 멈추라고 요구할 때마다 그들의 자해 행위는 악화되었다. 환자들에게 이유를 묻자 똑같은 답변이 돌아왔다. 폭식할 때면 '지금까지와는 다른 내면 부분'이 지배권을 행사한다는 것이다.

이런 반응을 접하면 일반적으로 치료사는 환자를 다중인격장애로 진단한다. 하지만 딕은 폭식하고 싶어 하는 환자의 내면 부분에 호기심을 가졌다. 이런 호기심으로 환자들이 인정받고 존중받으며 이해받는 느낌을 받을 수 있는 안전한 환경을 만들었다. 호기심과 연민으로 다가가자 그들은 평온해졌고 서서히 마음을 열었다. 그리고 자기 안에서 활성화되는 다양한 '부분들'에 대해 더 많은 이야기를 들려주었다.

그 결과 딕은 흥미로운 사실을 발견한다. 환자들이 보인 극단적인 행동은 해결되지 않은 어린 시절의 깊은 상처로부터 자신을 보호하는 일종의 방어기제였다. 딕은 가족치료 훈련을 활용해 폭식증으로 고통받는 환자의 내면과 연결했다. 마치 가족치료 세션에서 하듯이 환자의 내면 '부분'에 접근했다. 다만 가족치료와 다른 점은 구성원 모두가 환자의 '내면가족'이라는 점이었다(가족치료와 달리 내면을 구성하는 모든 부분을 환자의 '내면가족'으로 보았다는 뜻-옮긴이).

40년 넘게 내면가족체계에 전념한 딕은 사람들이 자기 내면의 다양한 부분을 인식하도록 돕는 데 힘써 왔다. 그의 치료 과정은 나를 포함해 수많은 사람을 치유했다. "우리 내면에 나쁜 부분은 없다"라고 말하는 딕은 사랑과 존중으로 우리 내면의 모든 부분을 알아보는 부드러운 길을 제시한다.[2]

치유로 가는 부드러운 길

내면가족체계는 연민으로 가득한 치유 방식이다. 자신을 고치거나 바꾸려고 애쓰기보다 자신의 모든 부분에 호기심과 연민의 마음을 갖도록 가르친다. 이를 통해 자신과 자신의 내면세계를 더 깊이 이해하고, 궁극적으로는 더 큰 자기 사랑과 자기 수용으로 나아간다. 약간의 호기심과 연민, 용기가 있다면 자기 내면의 다양한 부분을 치유하고 통합하는 법을 배워 더 충만하고 기쁨 가득한 삶을 창조할 수 있다.

한 번은 친한 친구가 내게 이렇게 말했다. "개비, 나 요즘 직장에서 문제가 좀 있어. 업무는 문제없이 잘 처리하고 동료들과도 잘 지내. 그런데 상사가 시비를 거는 순간, 완전히 다른 모습의 내가 얼굴을 내밀어. 엄청 공격적으로 변하면서 맞붙어 싸우려고 하지. 마치 내 안에 있는 또 다른 부분이 나를 지배하는 것 같아." 호기심이 생긴 나는 조심스럽게 물었다. "그 공격성은 너를 뭔가로부터 보호하려는 게 아닐까?" 나는 그녀가 내면으로 시선을 돌리는 걸 보았다. 잠시 침묵이 흐른 뒤 그녀가 대답했다.

"그래, 오래전부터 그랬어. 늘 나를 보호하려고 하면서 살았으니까."

"그렇다면 네 내면에서 보호하려고 하는 부분에 초점을 맞춰보면 어때?" 내 말에 그녀는 고개를 끄덕였다.

"지금 뭘 경험하고 있니? 어떤 생각과 감각, 감정이 느껴져?"

"속이 메스껍고 구역질이 나. 또 나는 완벽해야 하고 모든 걸 잘해야 한다는 생각이 자꾸 들어."

"이렇게 자신을 보호하기 시작한 게 몇 살 때부터였어?"

친구는 주저 없이 털어놓았다. "어릴 때부터 그랬어. 부모님은 내가 하는 모든 일에 간섭했지. 무슨 일이든 완벽하게 해야 한다고 하셨어. 부모님 눈에는 내가 절대 완벽할 수 없다는 걸 깨달았지. 완벽주의가 더 이상 통하지 않자 나를 지키는 유일한 방법은 공격적으로 변해 맞서 싸우는 거였어. 그 이후로 줄곧 싸우면서 지냈지."

부드럽게 자기 내면으로 향하는 경험을 통해 친구는 자신에 대한 새로운 시각을 얻었다. 이는 친구에게 깊은 영향을 미쳤다. 친구가 이렇게 변화하는 데 필요했던 건 단지 자기 내면을 들여다보며 호기심을 갖겠다는 의지뿐이었다. 이를 통해 공격성을 내려놓고 호기심의 렌즈로 자신의 경험을 바라볼 수 있었다. 그러자 친구에게 커다란 인식의 전환이 일어났다. 자신의 공격적인 반응에 대해 판단을 내리기보다, 그 순간 그것을 어린 시절의 열등감을 진정시키는 방어기제로 보았다. 이렇게 관찰함으로써 그것이 지금까지 자신을 보호하려고 얼마나 애썼는지, 그리고 자신의 삶과 관계에 어떤 영향을 미쳤는지 알아차릴 수 있었다.

두 가지 보호자 유형

누구나 외부 조건과 상황, 다른 사람에게 자극을 받을 때 나타나는 고유한 방어기제를 갖고 있다. 이는 과거의 해결되지 않은 감정적 혼란으로부터 자신을 지키려는 노력으로 시간이 지남에 따라 점점 강하게 자리 잡는다. 이런 감정적 혼란에는 의식적으로 인지하지 못하는 경험도 포함된다. 깊은 감정적 혼란이 해결되지 않은 채 그대로 남을 때, 그것은 우리 몸과 뇌의 지속적인 에너지 패턴으로 자리 잡는다. 그 결과 해결되지 못한 묵은 감정이 활성화될 때마다 우리는 본능적으로 싸우거나 도망치거나 얼어붙는 반응을 보인다. 우리의 무의식적 본능은 이런 강렬한 감정을 경험하지 않으려고 하며, 따라서 이것을 관리하고 억누르는 다양한 행동 패턴을 취한다.

　내면가족체계에서는 흔히 자동반사적인 반응, 중독·습관이라고 여기는 것을 보호자 부분[Protector parts]이라 부른다. 이것은 권위에 맞서거나 상황이 힘들어지면 포기하려고 하는 내면 부분이다. 당신의 내면에는 깊은 부족감에서 벗어나려고 끊임없이 노력하는 완벽주의자가 있을 수 있다. 혹은 도전받는다고 느낄 때마다 맞서 싸울 준비를 하는 분노에 찬 부분이 있을 수도 있다. 아니면 사랑받을 자격이 있다고 느끼기 위해 자신의 필요보다 타인의 요구를 우선시하는, 남을 기쁘게 하려는 부분이 있을 수 있다. '보호자 부분'은 허용되지 않는 과거의 감정들로부터 자신을 보호하려는 단 하나의 핵심 사명을 가졌기에 그렇게 이름 붙여졌다. 어린 시절에 형성된 감정에는 사랑받을 자격이 없다거나, 충분히 괜찮은 존재가 아니라거나, 안전하지 않다거나, 심지어 트라우마(심리적 외상)를 입었다는 느낌 같은 것이 있다.

　특정 사람이나 상황에 자극을 받을 때, 내면의 보호자 부분이 의식 위로 드러나는 걸 본 적이 있을 것이다. 예를 들어 당신이 권위에 대한 거부감이 있다면, 상사가 질문할 때 방어적으로 반응했다가 나중에 그런 행동을 후회했을 것이다. 혹은 연애 관계에서, 첫 데이트 후 상대가 바로 답장을 안 하면 불안해져서 지나치게 집착하는 자신을 발견했을 수도 있다. 이런 행동이 너무 깊이 뿌리 내리면 마침내 내면의 이 부분들이 나의 본모습이라고 믿어버릴 수 있다. 그런데 만약 이것들이 단지 특정 감정과 기억으로부터 당신을 보호하기 위한 방어기제일 뿐이라면?

이렇게 생각해 보자. 당신은 통제에 집착하는 사람도, 분노 폭발자도, 상대에 대한 의존성이 지나치게 강한 사람도 아니다. 당신은 그저 고유하고 다양한 여러 가지 성격을 나타내는 사람일 뿐이다. 그리고 그 성격들은 하나의 공통된 의도, 즉 해결되지 못한 부족감과 수치심, 두려움의 감정을 억누르려는 의도에 따라 움직인다. 내면의 그 부분들은 지금까지 오랫동안 당신을 보호하고 방어하는 일을 해 왔다.

보호자 부분에는 두 가지 유형이 있다. 관리자[Manager]와 소방관[Firefighter]이다. 우리와 일상을 함께하면서 주도권을 쥐는 것은 대개 관리자다. 예를 들어, 안전하다고 느끼기 위해 통제를 추구하는 내면 부분이나 타인의 평가를 피하려고 타인을 비판하는 비판자 부분이 그것이다. 관리자는 안정감을 지속하고 취약함과 감정적 고통을 차단하기 위해 우리가 흔히 의지하는 내면의 보호자 부분을 말한다.

그러다 삶이 힘들어지고 관리자의 보호 기술이 더 이상 통하지 않으면 또 다른 형태의 보호자가 주도권을 쥔다. 내면가족체계에서는 이 두 번째 보호자 부분을 소방관이라고 부른다. 이름에서 짐작하듯이 소방관의 목적은 관리자가 더 이상 진압하지 못하는 격렬한 감정의 불길을 끄는 것이다. 소방관은 관리자보다 더 극단적인 보호 노력을 동원한다. 많은 경우 이것은 자신에게 해로운 중독이나 자해 행위로 나타난다.

관리자와 소방관의 역동을 이렇게 정리할 수 있다. 관리자 부분은 매우 체계적이고 완벽주의적인 모습으로 나타난다. 할 일 목록을 작성하고, 일정을 엄격히 지키며, 일상의 모든 세부 사항을 꼼꼼히 정리하고, 비판과 실패를 피하려고 업무상 완벽을 추구한다. 항시 작동하면서 압도당하거나 거부당하거나 평가받는 느낌을 피하기 위해 완벽함을 지속하고자 한다. 그런데 완벽주의적 관리자 역할이 실패하거나 실수를 하게 되면 심한 부족감과 수치심이 밀려온다. 이런 감정이 압도적으로 커져서 관리자가 더 이상 감당하지 못하게 되면, 소방관 부분이 나서서 극단적이고 때로 해로운 행동을 통해 힘겨운 감정을 진압하고자 한다. 극단적인 행동에는 자해, 약물 남용, 섭식 장애 등이 있다. 견디기 어려운 감정을 무디게 하거나 그로부터 도망가기 위해 절박하고 충동적인 행동이 주도권을 쥐는 것이다.

누구를 보호하는 걸까

관리자와 소방관이라는 두 유형의 보호자 부분은 모두 어린 시절의 충격적이고 수치스러운 경험에서 비롯된 허용되지 않는 수치심과 두려움, 공포, 슬픔으로부터 자신을 보호하기 위해 만들어졌다. 이 과정이 어떻게 진행되는지 더 구체적으로 살펴보자.

어린 시절 아무리 행복한 환경에서 자랐어도 우리는 누구나 견디기 힘든 크고 작은 경험을 한다. 그 과정에서 우리는 얼어붙고 삶으로부터 단절되곤 한다. 어린 시절 우리 뇌는 강렬한 감정을 헤쳐 나갈 자원이 부족하다. 결국엔 감정을 억누르고 차단하고 마음 깊은 곳에 묻어 버린다. 실제로 우리는 감정을 추방한다. 그러나 그 감정을 경험하고 어린 시절의 트라우마를 그대로 간직한 부분이 여전히 우리 안에 남아 있다. 내면가족체계에서는 이를 추방자[Exile]라 부른다.

아이들은 누구나 자신이 부족한 존재라거나 사랑받지 못한다는 느낌을 받는다. 그런데 그 경험이 너무 강렬해서 깊은 슬픔과 극심한 공포가 일어나면, 아이들은 감정의 홍수에 대처하며 안전하게 그 경험을 처리하지 못한다. 그래서 아이의 그 부분은 추방당하거나 얼어붙은 채 내면에 갇히고 만다. 이때 보호자 부분이 나서서 두려움에 떨고 있는 내면 아이의 격렬한 감정을 억누른다.

놀이터에서 놀림을 받는 일처럼 사소해 보이는 사건조차 그

경험을 처리하는 데 도움을 줄 안전한 어른이 없다면 내면의 추방
자 부분이 만들어질 수 있으며, 오랫동안 우리 안에 숨겨진 채로
남아 있을 수 있다. 나는 자신의 어릴 적 경험을 대수롭지 않게 이
야기하는 사람들을 자주 보았다. 그들은 부모의 이혼이나 알코올
중독자인 자신의 양육자에 대해 이야기할 때도 자신의 어린 시절
에 별다른 트라우마가 없었다고 말하곤 한다. 과거의 힘든 경험에
대한 이런 무심한 언급은 어린 시절에 일어난 중요한 사건을 적절
히 처리하지 못한 현실로부터 자신을 단절하는 또 하나의 수단이
된다.

내면의 추방자들은 어린아이가 감당하기에 버거운 부족감
과 수치심, 공포, 사랑받지 못한다는 두려움의 짐을 늘 지니고 있
다. 우리 안의 관리자와 소방관이 그토록 열심히 보호하려 애쓰는
대상은 이렇듯 상처받고 수치스러워하며 제대로 처리되지 못한
우리 내면의 감정 아이다.

내 안에 있는 수많은 나

지금까지 많은 내용을 다루었다. 잠시, 당신이 제대로 따라오고
있는지 확인해 보자. 간단히 요약하면, 우리는 누구나 내면가족체
계에서 '보호자 부분'이라고 부르는 각자의 고유한 보호 기제를

가지고 있다.

- 보호자 부분: 우리가 트리거(감정 촉발 요인)에 맞닥뜨렸을 때 반응하는 내면의 보호 메커니즘이다. 이들은 과거(흔히 어린 시절)의 해결되지 않은 감정적 혼란으로 인한 고통으로부터 우리를 보호하는 방어기제 역할을 한다.

보호자에는 관리자와 소방관이라는 두 가지 유형이 있다.

- 관리자: 이 보호자 부분은 우리의 일상에 존재하면서, 우리 안의 깊고 취약한 감정이 의식 표면에 떠오르는 것을 막으려 애쓴다.

- 소방관: 관리자가 더 이상 힘을 쓰지 못할 때 소방관이 나선다. 소방관이라는 보호자 부분은 잠재적으로 더 극단적이며, 때로 자신에게 해로운 행동으로 과거의 상처와 관련한 강렬한 감정을 억누르려 한다.

관리자와 소방관은 추방자의 해결되지 못한 감정적 고통과 트라우마를 무디게 만들려고 끊임없이 노력한다.

- 추방자: 과거의 부정적인 경험을 짊어지고 있는 내
  면의 취약한 부분으로 고통에 갇힌 내면 아이와 비
  슷하다.

관리자와 소방관은 추방자의 감정이 의식 표면에 떠오르는 것을 막기 위해 서로 열심히 협조한다. 과거의 고통을 다시 경험하지 않도록 하기 위해서다.

우리 내면에 여러 가지 부분이 존재한다는 생각이 불편하게 느껴지는가? 어쩌면 눈이 게슴츠레해지면서 더 이상 듣고 싶지 않을 수 있다. 그럴 수 있다. 우리 안에 수많은 어린아이가 존재한다는 사실을 받아들이는 것만도 부담스러운데, 오랫동안 갇혀 지낸 상처받고 추방당한 아이 부분이 나의 내면에 있다는 사실을 인정하기란 더욱 어려울 것이다. 그러나 의심을 잠시 보류한 채 계속 함께해 주길 바란다. 나는 당신이 삶을 바라보는 새로운 방식에 마음을 열도록 부드럽게 안내할 것이다. 필요한 건 단지 더 배우려는 당신의 의지뿐이다.

이 책에 소개한 방법들은 의지 없이는 효과를 낼 수 없다. 만약 당신이 인생 최대의 변화를 준비하고 있다면, 이 책을 계속 읽어 나가며 기적을 위해 함께해 달라. 깊이 숨을 들이쉬고, 가슴에 손을 얹은 채 내 말을 들어보라. 우리 안에 '나쁜 부분'은 없다. 그 안에는 우리에게 필요한 도움이 있다.

내면에 흐르는 무한 에너지

우리 안의 보호자 부분과 추방자 부분이 필요로 하는 것, 즉 '우리'에게 필요한 건 내면의 리더다. 격렬한 감정과 보호 반응에 휩쓸릴 때 내면의 아이를 진정시키고 달랠 수 있는 리더 말이다. 내면가족체계에서는 우리가 내면에 늘 존재하는 내적 자원에 다시 연결될 때 진정한 치유가 일어난다고 본다. 이 내적 자원을 '참나[Self, 대문자 S]'라고 한다. 내면가족체계는 모든 사람의 내면에 손상되지 않은, 지혜롭고 풍요로운 자원을 가진, 평온하고 사랑이 넘치는 참나가 존재하며 언제든 우리가 그것에 접속할 수 있다고 본다.

내면가족체계 치료사인 스티브 크란츠 박사는 참나를 '구름 뒤의 태양'으로 정의한다. 태양이 눈에 직접 보이지 않아도 우리는 태양이 구름 뒤에 언제나 존재한다는 사실을 안다. 마찬가지로 참나는 우리가 구해서 찾아야 할 어떤 것이 아니라 이미 거기에 있다. 우리는 단지 보호자라는 구름 뒤에 가려진 참나가 드러나도록 허용하기만 하면 된다. 참나는 우리의 진정한 본성이다. 당신이 영적 용어에 익숙하다면, 참나를 당신의 신성(神性)이나 불성(佛性) 또는 내면의 안내자로 생각해도 좋다. 나는 참나를 결코 사라지지 않는, 내 안에 항상 존재하는 사랑의 에너지로 인식한다.

아마 당신은 살면서 우주의 흐름과 완전히 조화를 이루는 창조적인 흐름을 느낀 적이 있을 것이다. 또는 명상이나 장거리 달리기로 깊은 평온함을 경험한 적이 있을 것이다. 내면이 확장되는 느낌, 혹은 잠시나마 자기 연민의 마음을 경험해 봤을 것이다. 이런 감정들이 바로 참나가 지닌 본질이다.

어린 시절 우리는 부모를 참나의 에너지로서 의지했다. 그러나 대부분의 경우, 부모 역시 우리처럼 자신의 감정과 경험을 제대로 돌보지 못한 상태였기에 우리의 핵심적인 필요를 충족해 주지 못했다. 그래서 우리는 방어기제인 보호자 부분에 의존해 돌봄받지 못한, 허용되지 않는 자신의 감정을 억누르게 되었다. 그렇게 시간이 흐르면서 관리자와 소방관이라는 보호자 부분이 점점 힘이 세져서 구름이 태양을 가리듯 참나의 존재를 가리고 말았다. 수치심과 두려움을 느끼고 트라우마를 경험할 때마다 우리는 더 튼튼한 보호막으로 자신을 둘러친다. 보호막은 참나의 존재를 차단한다. 그러나 참나와 연결될 때 우리는 내면으로부터 안전감을 느끼고, 오랫동안 갈망해 온 도움의 자원에 다시 연결될 수 있다.

참나는 8가지 핵심 특성을 갖는다. 호기심, 평온함, 연결, 명료함, 연민, 창조성, 용기, 확신이다. 이 특성들은 종합적으로 언제나 존재하는 참나의 에너지를 표현한다.

내면가족체계는 우리 모두의 핵심에 참나가 지닌 이런 특성에 접근하는 방법이 존재한다고 말한다. 일부러 방법을 만들거나 찾아다닐 필요가 없다. 이미 우리 안에 있기 때문이다. (잠시나마) 참나와 연결될 때 우리는 자연스러운 '흐름을 타는' 것처럼 느낀

평온함

호기심

연결

명료함

참나의 8가지 특성

연민

확신

용기

창조성

다. 내 안에 있는 어떤 느낌과 감정이든 그것을 관찰할 수 있는 상태가 된다. 참나는 차분하고 안정된 에너지다. 안전한 참나의 상태에서 우리는 자신의 감각, 생각, 감정, 느낌을 바라보고 관찰하는 능력을 갖는다.

참나가 내면가족의 리더가 되면 내면의 갈등과 자동반응 행동이 줄어든다. 참나와 연결되면 신경계가 안정되고 내면의 비판자가 누그러지며, 자연스러운 흐름을 타고 있는 느낌을 받는다.

참나와의 연결감을 잘 느낄 수 없다 해도, 살면서 당신은 연결의 순간을 경험한 적이 있다. 한 시간 요가를 한 뒤 사바사나 자세(누워서 온몸을 이완시키는 요가 동작)에서 잠시나마 참나와 연결된 느낌을 받았을 수 있다. 창의적인 작업에 몰두하는 동안 참나의 에너지가 흘러나오는 걸 느꼈을 수도 있다. 신체 활동에 깊이 집중하거나 명상의 고요한 정적 속에서 참나의 에너지는 자연스럽게 흘러나온다. 비록 짧지만 이런 순간들은 참나가 이미 우리 안에 존재한다는 사실을 상기하기에 충분하다. 참나의 존재감을 경험하기 위해 무언가를 고칠 필요는 없다. 그저 이 책에 소개한 단계를 따라가면서, 우리가 참나와 본래적으로 맺고 있는 연결을 가로막는 장애물을 제거하기만 하면 된다. 참나와 더 자주 연결될수록 내면의 안내 시스템인 참나에 의지하는 법을 더 많이 배우게 된다.

다시 한번 마음을 열어 놓길 당부한다. 지금부터 참나를 직접 경험할 수 있는 강력한 수행법을 소개할 것이다. 지금은 단지 마음을 열린 상태로 유지하기만 하면 된다. 준비된 마음, 열린 가슴, 열린 마음. 이것이 내가 당신 삶의 가장 큰 자원을 열도록 돕는 데 필요한 전부다.

잠시 시간을 내 한 손은 가슴에, 다른 손은 배 위에 부드럽게 올려놓는다. 깊이 숨을 들이쉬고 내쉬면서 긴장을 풀어 준다. 깊이 숨을 들이쉬고 완전히 내쉬는 과정을 세 번 반복한 다음, 이때 몸에서 느껴지는 새로운 감각을 알아차려 본다. 조금 더 평온해진 느낌이 드는가? 아주 조금이라도 평온함과 안도감이 느껴지는가? 이것이 바로 참나의 에너지다.

나를 잃지 않고 내 삶을 변화시키는 법

나의 내면에도 강력하고 완강한 보호자가 존재했다. 그녀의 이름은 워커홀릭(일중독)이다. 그녀는 11년 동안 무려 아홉 권의 책을 썼다(참고로 여기서 나는 이 내면 부분을 여성으로 표현하지만, 내면의 각 부분은 성별이 다를 수 있고 전혀 없을 수도 있다). 그녀는 서른한 살 때 오프라 윈프리와 인터뷰를 했고 서른다섯 살이 되기 전에 전 세계 사람을 대상으로 큰 사업을 벌였다. 그녀는 근면함으로 주변의 칭찬을 받았다. 일중독자 부분이 세상에 선한 영향을 미친 건 사실이지만, 그녀는 극단적인 역할에 갇힌 중독성 있는 부분이었다. 그녀의 극단적인 일중독은 공황 발작, 위장 장애, 불면증, 신경 쇠약 등 실제로 신체적 문제를 일으켰다.

이 책의 첫 부분을 쓰는 동안에도 내 안의 일중독자가 슬그머니 끼어들었다. 나는 책을 쓰려고 며칠 휴가를 냈다. 뉴욕의 아파트에서 혼자만의 시간을 갖는 게 몇 년 만인지 모른다. 그런데 글을 쓰려고 자리에 앉자 불안이 밀려왔다. 이를 무시하며 커피 한 잔을 따르고는 글을 쓰기 시작했다. 그런데 불안이 점점 더 커지더니 심장이 뛰었다. 불편해진 나는 컴퓨터에서 떨어져 잠시 명상의 시간을 갖기로 했다. 내면으로 주의를 돌려 불안해하는 부분을 살피고, 그것의 존재를 인지하면서 관심을 기울였다. 1분도 지나지 않아 내 안의 불안이 목소리를 냈다. "네가 글을 쓸 수 있는 건 내 덕분이야. 네가 쉬도록 그냥 둘 수 없어. 난 네가 아무것도 안 하는 게 두렵거든. 네가 생산적이지 못한 사람이 될까 봐 무서워." 그래! 바로 그거였다. 일중독자 부분은 생산적이지 못한 나는 충분히 좋은 사람이 아니라고 믿고 있었다. 이처럼 오랜 시간이 지난 뒤에도 그녀가 불쑥 나타날 수 있다는 사실이 놀라웠다.

그러나 이번만큼은 일중독자가 주도권을 쥔 채 불안을 밀쳐 내도록 놓아두지 않았다. 나는 일중독자인 그녀에게 호기심이 생겼다. 가슴에 손을 얹자 온몸에 연민의 감정이 스쳐 지나갔다. 호흡이 편안해지고 평온함이 찾아왔다. 그런 다음 내 안의 지친 감각과 연결해 그 부분에게 무엇이 필요한지 물었다. 그녀가 말했다. "낮잠이 필요해."

그 말을 들은 뒤 나는 일을 멈추고 낮잠을 자도 좋다고 스스로에게 허락했다. 낮잠에서 깨자 충분한 치료를 받은 기분이었다. 불안은 사라졌고, 턱과 얼굴이 이완되었으며, 맛있게 저녁을 먹었다. 두 시간 뒤 컴퓨터 앞에 앉아 이 이야기를 글로 적었다. 글쓰기가 저절로 흘러나왔다. 더 이상 억지로 밀어붙일 필요가 없었다. 나는 자연스럽게 흐름을 탔다. 이것은 일중독으로 지친 내 몸을 무시하지 않고 내 안의 참나가 나를 돕게 한 결과였다.

내면가족체계에 전념했다고 해서 나의 일중독자 부분이 완전히 사라진 건 아니다. 다만 그녀를 존중하고 돌보는 데 도움이 된 것만은 분명하다. 이제 나는 연민으로 그녀의 훌륭한 노력에 감사를 보내며, 그녀가 더 부드럽고 온화한 방식으로 일하도록 이끌 수 있다. 나의 장점을 잃을 필요는 없었다. 단지 날카로운 모서리를 조금 부드럽게 다듬었을 뿐이다. 오늘도 일중독자 부분은 열심히 일을 한다. 하지만 더 이상 극단적이고 중독된 상태에서 내 삶을 망가뜨리지는 않는다. 그녀는 편안히 자리를 잡고서 자신의 몸을 돌보며, 일정 가운데 창의적인 사고와 자기 관리에 필요한 시간을 충분히 확보한다. 편안해졌다고 느끼는 그녀는 현존의 감각을 가지고 나타나며 더 많은 것을 창조한다. 가끔 예민해져서 주도권을 쥐려 할 때면 자연스럽게 내면의 참나와 연결된다. 나는 그녀의 이름을 바꿨다. 그녀는 더 이상 '일중독자'가 아니라 '자유로운 빛의 힘'이다.

참나와 만날 때 내면의 어린 부분들은 안전하다고 느낀다. 그러면 보호자가 전면에 나설 때도 당신은 내면에서 무슨 일이 일어나고 있는지 호기심으로 살펴볼 수 있다. 이로써 참나의 에너지가 흘러나오는 문이 열린다. 연습을 통해 내면의 특정 부분이 자극받을 때 참나와 연결하는 습관을 들임으로써 이를 제2의 천성으로 삼을 수 있다. 시간이 지나면 과거에 보호자 부분이 지배권을 쥐던 상황에서도 참나의 에너지에 더 수월하게 다가갈 수 있다.

참나와 단단히 연결될 때 보호자 부분은 안전하다고 느끼며 자신의 극단적인 역할을 내려놓는다. 우리의 내면 부분들은 아이들과 마찬가지로 주변에서 자신을 보아 주고 위로해 주길 바란다.

이 부분들을 안전한 장소로 데려오는 방법은 내면에 안정된 현존의 감각을 만들어 내는 참나의 에너지와 연결되는 것이다. 다음 2장에서 '참나의 도움'이라 부르는 4단계 내면 점검 과정을 통해 이를 실천해 본다. 이 4단계 과정은 부드럽게 내면의 보호자 부분을 관찰하고 다시 참나와 연결되기 위해 내면가족체계에 기초해 내가 고안한 방법이다. 참나와 연결됨으로써 내면 부분들에 필요한 안전한 피난처를 마련할 수 있다. 또한 참나는 우리를 성장시키는 내면의 안내자로서 모습을 드러낼 것이다.

깊이 숨을 들이쉬고, 부드럽지만 심오한 이 과정을 배울 준비를 하고 다음 장으로 넘어가자. 2장에서 우리는 내면의 조화를 이루는 법을 발견할 것이다.

2장

언제나 답은
우리 안에 있다

내면가족체계 치료사인 친구 토마스가 한번은 이런 말을 했다. "내담자들에게 내면가족체계를 처음 소개할 때면 그들을 혼란에 빠트리는 것 같아 마음이 불편해!" 대부분의 경우 토마스의 말은 절대적으로 옳다. 당신이 특별히 영적·치료적 성향을 가진 사람이 아니라면 (혹은 영적·치료적 성향이 있다 해도) 내면으로 들어가 자기 안의 아이들을 돕는다는 생각은 다소 혼란스러울 수 있다. 이 점에서 이 책이 당신에게 요청하는 바는 결코 가볍지 않다. 이 책은 당신에게 자신을 바라보는 방식을 변화시키라고 요청한다. 처음엔 불편하게 느껴질 수 있다. 충분히 예상할 수 있는 일이다. 조금 전 나는 당신 안에 숨어 지내는, 추방된 어린아이들로 구성된 내면가족이 있다고 말했다. 또 그 아이들이 받는 고통을 숨기기 위해 필사적으로 애쓰는 '관리자'와 '소방관'이라는 보호자 부분이 있다는 말도 했다. 그런 다음, 당신 안에는 치유의 힘을 지닌 참나의 에너지가 존재한다고 말했다. 그렇다. 당장 이 모든 것을 받아들이기란 벅차다는 걸 안다. 그럼에도 할 수 있는 한 최대한의 호기심을 유지해 주길 바란다.

호기심의 태도로 잠시 시간을 내 지금 당신의 삶을 지배하고 있는 하나 이상의 부분들(완벽주의자, 통제하는 부분, 두려움에 사로잡힌 부분 등)을 떠올려 본다. 이런 부분들에 호기심을 갖도록 스스로에게 허용한다. 그것들이 깊은 감정을 가리는 방식으로 당신을 보호하고 있음에 마음을 열어 본다. 내면으로 향해 그 부분들에 초점을 맞출 때 어떤 느낌이 드는지 살펴본다. 불편한 감정이 떠오르는가? 지금 당신 안에는 이런 생각을 비판하며 책을 덮어 버리려는 냉소적인 부분이 있을 수 있다. 아니면 이것에서 달아나 낮잠을 자고 싶어 하는 부분이 있을 수도 있다. 내면 부분에 초점을 맞출 때 그 부분들은 어떻게 해서든 우리의 주의를 딴 곳으로 돌리려고 한다. 그것들은 실제로 어린아이와 같아서 수치심이나 두려움에 직면하기를 아주 싫어한다. 당황하면서 짜증을 내고 저항한다. 내 안의 부분들 역시 처음엔 내면가족체계 치료를 싫어했다. 나 자신은 물론 치료사에게조차 모습을 보이길 매우 수치스러워했다.

내면의 다양한 보호자들과 그들의 행동을 알아보는 일이 낯설고 불편하게 느껴질 수 있다. 그렇지만 그것이 아닌 다른 대안을 생각해 보라. 과거의 고통에서 자신을 보호하려고 보호자들이 끊임없이 애쓰는 현실 말이다. 보호자 부분이 주도권을 쥐면 우리 삶은 방어적인 태도와 중독, 고립과 불안이 끝도 없이 이어진다. 늘 경계 태세를 유지한 채 사는 건 결코 쉬운 길이 아니다. 그것은 우리가 진정으로 원하는 평화나 균형과 거리가 멀다.

이 장에서는 이런 새로운 인식에 마음을 연 채 지금 당신 안에 떠오르는 어떤 것이든 자연스럽게 관찰하는 노력을 기울여 본다. 하룻밤 사이에 되는 일은 아니지만, 이 장에 소개하는 4단계 내면 점검 과정을 따라가며 꾸준히 적용하다 보면 점차 이 과정이 자연스러운 습관으로 자리 잡을 것이다. 나는 이 점검 과정이 내면 부분들과 따뜻하게 연결될 수 있게 도와주는 안내자 역할을 하도록 설계했다. 나는 당신의 모든 걸음과 함께할 것이며, 당신이 호기심을 놓지 않길 바란다. 호기심은 깊은 변화와 새로운 삶의 방식에 대한 창의적인 가능성을 열어 준다. 지금부터 내가 안내하는 길에 마음을 열어 놓길 바란다.

나를 바라보는 색다른 관점

이 책에 소개하는 내면 점검 방식은 내면가족체계 치료에서 제시하는 방식과는 조금 다르다. 어쩌면 내면가족체계에 기초한 자기계발 과정에 가까울 수 있다. 나는 내 방식에 따라 당신에게 관리자(보호자 부분의 한 유형)를 알려 주고, 내면의 안내자인 참나에 닿지 못하게 방해하는 장애물을 해소하고자 한다. 우리는 지금 치료 환경에 있지 않으므로 극단적이고 중독적인 보호자 부분인 소방관이나 취약하고 어린 부분인 추방자와는 상호작용하지 않는다. 이들과의 교류가 버거울 수 있기 때문이다. 그럼에도 이 여정을 지나는 동안 소방관이나 추방자 부분이 나타날 수 있다. 그 부분들이 나타난다면 가슴에 손을 얹고 필요한 만큼 깊이 숨을 쉬어 본다. 이런 현상이 지속되어 버겁게 느껴지면 자격을 갖춘 내면가족체계 치료사와 함께 작업하길 권한다.

따라서 이 책에서 '보호자 부분'이라고 말하는 건 곧 '관리자'를 의미한다고 보면 된다. 하루 종일 당신과 함께 있는 관리자들에 초점을 맞춤으로써 완전히 새로운 방식으로 자신과 관계 맺는 기회를 가질 수 있다. 나의 목표는 당신이 언제 어디서나 자신의 방식에 따라 이것을 쉽게 사용할 수 있게 만드는 것이다. 이를 위해 간단한 4단계 과정을 사용한다. 이 과정은 자신을 단일한 인간으로 보는 인식에서 벗어나, 지금까지 당신의 삶을 관리해 온 보호자 부분을 확인하고 그것과 연결되도록 돕는 과정이다. 판단을 내려놓고 자신의 관리사들을 관찰할 때 연민에 찬 평온한 참나의 에너지가 흘러나오는 문이 열린다. 나는 당신이 생각, 느낌, 감정을 의식적으로 살펴보고 거기에 호기심을 갖고 귀 기울이도록 안내할 것이다.

내면가족체계에 기초한 나의 접근방식은 치료 세션에서 전통적으로 수행하는 치료 방식과는 조금 다르다. 이것은 참나[Self]가 주는 도움[help]이다. 자기계발 작가로서 나는 줄곧 영적 진리와 개인적 성장 원칙을 사람들이 쉽게 이해하고 실천하도록 신비성을 벗겨 내는 작업을 해 왔다. 일종의 통역가였던 셈이다. 이 책에서 나는 또 한 번 통역가 역할을 자임하며 참나가 안내하는 길을 따라 내면가족체계의 치료 원칙을 안내하고자 한다. 책에 소개한 방법을 따라가다 보면 완전히 새로운 방식으로 자신을 바라보게 된다. 이 부드러운 방식은 당신의 보호자들에게 지지를 보내며 그들이 인정받는 느낌을 받도록 한다. 목표는 보호자 부분을 '고치는' 게 아니다. 연민으로 그들을 바라보고, 그들이 평온함을 느끼도록 도움으로써 참나의 에너지가 흘러나올 공간을 마련하는 것이다. 그렇게 할 때 참나는 당신이 활용할 수 있는 가장 큰 자원이 되어 삶을 분명히 더 나은 방향으로 변화시킨다.

관리자 부분과 주기적으로 만나는 과정을 통해 당신은 힘이 생기고 새로운 자신감을 얻게 된다. 지금껏 그랬듯이 내면의 방어기제에 사로잡혀 그 부분으로서 행동하며 하루를 지내기보다 이제 그 부분을 '위해' 말할 수 있다. 4단계 내면 점검 과정의 각 단계를 거치며 지금까지 보였던 극단적인 패턴과 자동반사적인 행동, 파괴적인 생각이 당신의 본질이 아니라 일부(부분)에 지나지 않음을 알게 되는 것이다. 나아가 마음에서 일어나는 이런 미세한 변화를 통해 연민의 시선으로 그들을 바라보게 된다.

새로운 신경 경로와 습관 만들기

4단계 점검 과정으로 내면세계와 연결되면 안전한 내적 경험을 창조할 수 있다. 그곳은 당신의 모든 부분이 환영받고 인정받고 존중받는 공간이다. 점검 과정에서 보호자 부분을 알아볼 때마다 당신은 호기심 어린 연결이라는 새로운 패턴을 만들어 내며, 이로써 감정 촉발 요인(트리거)에 대한 반응을 대체할 수 있다. 이 과정을 계속하다 보면 뇌에 새로운 신경 경로가 만들어진다. 책 전체에 걸쳐 이 점검 과정을 계속 반복하는 이유가 바로 이것이다.

각 장에서 나는 4단계 내면 점검 과정을 실천하도록 안내한다. 이는 당신이 감정 촉발 요인에 자극받았을 때 자신의 내면과 연결되는 습관을 형성하고, 활성화된 부분들에 호기심을 가지며, 그 순간 그들에게 지지를 제공하도록 돕기 위함이다. 이 네 단계는 사랑의 현존이라는 참나의 렌즈, 다시 말해 신뢰할 수 있는 직관직 본성으로 내면 부분들을 바라보도록 고안했다. 이것은 당신의 삶에서 맺는 가장 위대한 관계가 될 것이다.

나의 바람은 이 과정을 통해 당신이 자신과 새로운 관계를 맺고 내면에서 안전함을 느끼는 것이다. 나는 이 책을 궁극의 자기계발서로 본다. 이 책은 당신이 언제든 사용할 수 있는 도움, 즉 참나의 무한한 지지가 존재한다는 사실을 깨닫게 한다. 또한 더 깊은 치료적·영적 성장을 향해 나아가도록 안내한다. 이 책을 읽은 뒤 당신은 내면가족체계 치료사의 상담실을 찾을지 모른다. 금주(禁酒)의 여정에 도움이 될 수도 있고 영적 수행을 더 깊이 탐구하도록 영감을 줄 수도 있다. 이 책은 당신에게 새롭고 기적 같은 삶의 방식으로 나아가는 길을 알려 주기 위해 만들어졌다.

자극과 반응 사이에 공간이 있다

내가 자주 인용하는 빅터 프랭클의 유명한 말이 있다. "자극과 반응 사이에 공간이 존재한다. 그 공간에서 우리는 자신의 반응을 선택할 힘을 가지고 있다. 성장과 자유는 우리가 어떻게 반응하느냐에 달려 있다."

이 진리는 이 책에 소개한 내면가족체계에 기반한 실천법의 핵심을 그대로 보여 준다. 속도를 늦추고 내면을 향해 고개를 돌려 보호자 부분들을 돌볼 때 '자극과 반응 사이의 공간'을 경험할 수 있다. 그 공간에서 우리는 보호자가 구축한 철벽의 요새로부터 벗어나 나를 구성하는 한 부분으로서 그것들을 바라보고 참나가 도울 수 있는 공간을 마련한다. 그 넓은 공간에서 참나의 에너지가 우리의 존재 전체에 스며든다. 연민이 커지고 연결되면서 우리의 가슴은 자극받은 내면 부분들에 활짝 열린다.

참나를 내면의 안내자로 받아들임으로써 사랑의 렌즈로 자신의 부분들과 삶을 바라기로 선택할 수 있다. 4단계 내면 점검 과정은 이런 선택을 위한 공간을 마련해 준다. 두려움에 사로잡힌 부분들의 충동보다 참나의 안내를 더 자주 선택할수록 내면에서 더 큰 해방감을 경험하게 된다.

4단계 내면 점검 과정

1단계: 내면을 들여다보기로 선택하기

이 책을 펼치는 순간, 당신은 성장과 내적 발전을 위해 내면으로 향하기로 선택한 것이다. 당신은 두려움이 아니라 자유를 선택했다. 우리는 언제라도 자유를 선택할 수 있다. 감정 촉발 요인에 자극받거나 감정이 활성화된다고 느낄 때마다 그것은 내면을 들여다보라는 신호다. 격렬한 느낌과 감정을 억누르기보다 그것을 당신 안에 지지가 필요한 어린 부분이 존재함을 알려 주는 신호로 받아들여라. 주도적으로 내면을 관찰하길 선택함으로써 당신은 잠시 멈춰 감정 촉발 요인의 영향에서 벗어나고 주의를 내면으로 되돌릴 수 있다.

2단계: 호기심 갖기

내면을 들여다보기로 선택했다면 다음 단계는 호기심을 갖는 것이다.

- 한 손은 가슴에, 다른 손은 배 위에 올려 신경계를 안정시킨다. 천천히 호흡하면서 내면으로 주의를 가져간다.
- 내면에서 어떤 느낌과 생각, 감각이 관찰되는가?

- 그 느낌들은 몸의 어느 부위에 있는가?
- 그 부분에 대해 무엇을 알고 있는가? (예컨대 그 부분은 나이가 있는가, 이미지가 있는가? 또는 그 부분과 관련된 이야기가 있는가?)

호기심을 통해 더 많은 정보를 얻을 수 있고 당신에게 중요한 느낌과 생각, 감각을 '나'가 아닌 '나를 구성하는 한 부분'으로 바라볼 수 있다. 호기심은 지금 드러나고 있는 내면 부분을 존중하는 마음 태도다. 이렇게 내면 부분을 느꼈다면 이제 연민으로 나아갈 차례다.

3단계: 연민으로 연결하기

더 부드러워지면서, 다시 가슴에 손을 얹은 채 깊이 심호흡을 한다. 느낌과 생각, 내면의 감각에 숨을 불어넣으며 거기에 공간과 받아들임을 선사한다. 필요한 만큼 이 호흡을 계속한다. 그런 다음 스스로에게 묻는다.

"지금 무엇이 필요하니?"

이 간단한 질문은 내면 부분을 향한 연민의 표현이다. 그 부분이 어떤 답이든 하게 한다. "놀고 싶어. 쉬고 싶어. 춤추고 싶어." 떠오르는 어떤 답이든 잠시 그것과 함께 머문다.

내면 부분들은 당신에게 깊은 울림을 주는 방식으로 반응할 것이다. 연민의 마음으로 그 부분과 연결됨으로써 그들이 필요로 하는 것(안전하다는 느낌, 인정받고 지지받는 느낌)을 말하도록 허락할 수 있다. 어쩌면 잠시나마 그 부분이 연민의 존재(참나의 현존)와 연결될 수도 있다.

4단계: 참나의 특성 확인하기

마지막은 1장에서 말한 참나의 8가지 특성을 확인하는 단계다. 이 순간은 당신이 관찰자가 되어 내면의 풍경을 느껴 보는 시간이다. 참나의 특성을 살펴보자.

- 호기심(Curiosity): 참나는 본질적으로 호기심이 많고 연민의 마음으로 생각과 느낌, 감정을 탐구한다.

- 연민(Compassion): 참나는 연민의 에너지를 품고 자신과 타인에게 사랑과 친절을 베푼다.

- 평온함(Calmness): 참나는 가장 힘든 순간에도 평온을 유지하며 중심을 잡는다. 이는 자연스럽게 흘러나오는 내면의 평온함이다.

- 명료함(Clarity): 참나는 길잡이 빛이다. 순수한 객관

성과 신성한 지혜로 상황과 감정을 바라보며 수정처럼 맑은 통찰을 제공한다.

- 창조성(Creativity): 참나 안에는 창조적 탁월함이라는 샘물이 있다. 이는 삶의 도전을 수월하게 헤쳐 나가는 새로운 해결책과 깊은 통찰을 제공하는 신성한 근원이다.

- 연결(Connectedness): 참나는 심오한 일체감을 향해 가는 다리와 같다. 세상의 모든 존재와 당신을 연결하며, 가슴에서 울리는 깊은 상호 연결감을 키워 준다.

- 용기(Courage): 참나는 두려움을 모르는 우군이다. 흔들림 없는 용기로 힘겨운 감정과 도전적인 상황을 용감하게 마주하며 그것을 품어 안도록 독려한다.

- 확신(Confidence): 참나는 흔들림 없는 확신을 내뿜는다. 당신이 중요하게 여기는 가치와 깊은 열망을 존중하는 결정을 내리게 하며, 그에 따라 행동하는 내면의 힘에 불을 지핀다.

이 8가지 참나의 특성 중 어느 하나가 (잠시라도) 나타나는 것을 목격할 때 참나의 에너지는 보호막을 뚫고 나와 당신이 혼자가 아니라는 사실을 알려 준다. 참나가 의식에 들어오면 안전하다는 메시지가 뇌에 전달되고, 그 느낌의 알맹이 하나하나가 감정 상태와 신경계에 큰 영향을 미친다. 참나와 연민으로 연결될 때 내면의 각 부분은 자신의 경험이 존중받는다고 느낀다. 참나의 평온함은 깊이 호흡하게 하고 생리적 변화를 활성화시켜 몸을 안정시킨다. 또한 참나에서 오는 명료함은 깨어 있는 마음으로 상황에 대응하고 반응하게 함으로써 창의적인 해결책에 필요한 공간을 마련한다. 자기 안의 부분들과 연결하는 습관을 키울수록 참나의 현존에 쉽게 다가가 더 큰 용기와 자신감으로 살아갈 수 있다. 하루에 5분이라도 내면 부분을 들여다보는 시간을 갖는다면 그 부분이 안정되면서 참나의 특성이 드러난다.

이 4단계 내면 점검 과정은 이 책 전체에 걸쳐 안내자 역할을 한다. 이 책의 각 장은 서로 다른 메시지와 실천법을 제시하고 있지만 내면 점검 과정은 동일한 형식으로 제시된다. 장마다 의도적으로 내면 점검 과정을 포함시킨 이유는 이를 내면화하고 나아가 일상생활에 적용하기 위해서다. 앞으로 책을 읽어 가며 이를 거듭 안내할 것이다. 이 과정이 자연스러워질수록 내면 부분들을 더 깊이 이해할 수 있다. 내면의 참나 에너지에 대한 자각이 커지면서 더 큰 평화의 느낌을 발견할 것이다.

각 장은 이전 장을 바탕으로 전개된다. 이를 통해 여정을 지나는 동안 지속적으로 안전하다는 느낌을 받을 수 있다. 지금부터 몇 장에 걸쳐 당신의 관리자 부분(여기서는 '보호자'라 부른다)에 대해 알아본다. 먼저 내면 부분들에 대해 조금 더 자세히 알아보고, 이후의 장에서 참나에 대한 자각을 높여 주는 구체적인 실천법을 배워 본다. 내면 점검 과정을 실행할 때는 새롭게 알게 된 내용을 기록할 일기장이나 노트를 준비하면 좋다.

저항은 자연스러운 현상이다

4단계 내면 점검 과정이 처음엔 어렵고 부담스럽다 해도 이상한 일이 아니다. 내면 부분이라는 개념을 처음 접한 이들은 자연스럽게 거부 반응을 보이거나 뒤로 물러서는 경향을 보인다. 내면 부분들은 아주 오랫동안 우리와 함께해 온 존재들이다. 이 개념이 불편하거나 방어적으로 느껴진다 해도 걱정할 필요는 없다. 당신만 그런 것이 아니다. 이는 우리 내면의 복잡성을 탐구하고 이해하려 할 때 흔히 겪는 경험이다.

나는 알코올 회복센터에서 강연자로 일할 때 이런 저항을 자주 목격했다. 한번은 새로 입소한 환자들, 그곳에 온 지 불과 며칠 또는 몇 주밖에 안 된 사람들을 대상으로 한 시간 동안 강연을 한

적이 있다. 2005년 10월 2일부터 술을 끊었던 나는 그들의 고통에 깊은 연민을 느끼며 그들의 알코올 중독을 이해하려고 노력했다. 한 세션에서 나는 그들에게 큰 해를 입힌 내면의 중독자 부분이 본질적으로 나쁜 것은 아니라고 말했다. "그 부분은 아주 오랫동안 당신을 보호하려고 노력했어요. 중독은 과거의 허용되지 않는 슬픔의 불길을 끄려고 당신이 택한 극단적인 방식이었어요."

그러자 한 남성이 입을 열었다. "슬픔 때문에 내가 알코올 중독자가 되었다고 생각하기는 어렵군요. 술을 끊지 못하는 건 나의 무능력 때문이에요." 다른 참가자들이 웅성거렸다. 많은 이들이 고개를 끄덕이며 남자의 말에 동의했다. 그룹과 연결감을 갖기 위해 나는 힘들었던 과거 이야기를 꺼냈다. "내가 약물을 사용하는 진짜 이유를 알기까지 10년이라는 시간이 걸렸어요. 서른여섯 살, 금주한 지 10년 만에 어린 시절 겪었던 성폭력 트라우마가 떠올랐죠. 그 기억이 떠오른 순간, 내가 코카인 중독으로 고생한 이유가 분명해졌습니다. 과거에 묻힌 견디기 어려운 끔찍한 기억을 잠재울 수 있다면, 나는 어떤 방법이든 그것에 의존했어요."

사람들 앞에 드러내기 두려운 나만의 진실이었다. 하지만 이것이 참가자들의 공감을 일으켰다. 평온하고 용기 있게 나의 진실을 내놓음으로써 참가자들은 자신의 진실을 깨달을 수 있었다. 이어서 나는 물었다. "이 방에 계신 분들 중 어린 시절이나 인생의 어느 시점에 커다란 역경이나 트라우마를 겪은 사람이 몇 분이나 될

까요?" 나를 포함해 모든 사람이 손을 들었다. "이 방에 계신 모든 분이 어떤 형태로든 트라우마나 힘겨운 역경을 겪었다면, 우리는 그 고통을 무디게 만들려고 무슨 일이든 하지 않았을까요?"

다시 한번 방의 분위기가 바뀌었다. 한 남성의 눈에는 눈물이 고였다. 방에 있던 백여 명이 함께 숨을 내쉬며 마음이 한결 가벼워짐을 느꼈다. 잠시나마 우리는 혼자가 아님을 알았다. 우리의 고통을 누군가 보고 있다고 느꼈고, 그러면서 우리 사이에 유대감이 생겨났다.

우리는 극단적인 행동 패턴을 그치려고 무던히 애를 쓴다. 술을 끊고, 과식을 멈추고, 분노를 억누르고, 통제를 내려놓고, 자신을 비난하지 않으려 애쓴다. 하지만 이런 극단적인 행동이 실은 감당하기 어려운 뜨거운 감정의 불길을 꺼뜨려 우리를 보호하려는 시도라면 어떨까? 보호자 부분들이 행하는 극단적인 행동의 근본 이유를 알게 되면 그들에 대한 연민의 이해로 나아가는 길이 열린다. 보호자들은 고통을 피하고 수치심을 비켜 가며 과거의 트라우마를 억누르려는 강한 동기에 의해 움직인다. 즉, 그들은 추방자 부분을 억누르려 한다. 추방자 부분은 어린 시절부터 우리의 자아 인식을 형성해 온 뿌리 깊은, 해결되지 못한 감정적 혼란을 대변한다. 우리는 사랑받을 자격이 없다거나 어떤 식으로든 부족한 존재라는 뿌리 깊은 감정을 숨기기 위해 수년, 어쩌면 수십 년 동안 끊임없는 투쟁을 벌여 왔는지 모른다. 우리는 이 보호자 부분에 깊고 광범위하게 의존해 있다. 보호자 부분이 없다면 우리는 용납되지 않는 감정들과 마주해야 한다. 만약 보호자라는 방어막을 걷어 내면 무엇이 남을까? 두려움·트라우마·무가치함이라는 고통, 우리가 필사적으로 피하려고 하는 감정들과 직면하게 된다. 따라서 우리가 보호자 부분을 들여다보길 거부하는 건 충분히 이해할 수 있는 일이다.

내가 알코올 회복센터에서 공개한 이야기는 사실 터놓기 어려운 이야기였다. 내면가족체계 치료 세션을 처음 시작하던 때, 나는 내 안에 어린 부분이 존재한다는 생각에 거부감이 들었고 오랜 시간 치료사에게 반박했다. "내 안에 누가 있는지 모르겠어요. 그냥 나밖에 없는 것 같아요!" 시간이 지나면서 나는 내 안에 자동 반사적인 방어기제가 있음을 인식했지만, 그들이 존재하는 이유는 분석할 수 있어도 극단적인 행동 이면에 실제로 무엇이 있는지는 알지 못했다. 그러다 서른여섯 살 되던 해, 어떤 꿈을 꿨다. 꿈속에서 나는 아주 어렸고 극심한 공포에 떨고 있었다. 나는 성폭행을 당하는 아이였다. 꿈속에서 나는 가해자와 마주하는 어른으로 변했다. 꿈에서 깼을 때 나는 두려움에 가득 차 있었다. 그것은 더없이 생생한 진실의 느낌이었다. 내가 마주하기 두려워한 진실, 그 기억이 너무도 현실적이어서 나는 즉시 그 기억을 차단한 채 다시는 입 밖에 내지 않겠다고 몰래 다짐했다.

그 주 후반, 치료 세션 중에 여러 가지 통찰이 떠올랐다. 치료사는 내면으로 초점을 돌려 그 순간 존재하는 내면 부분들과 연결되어 보라고 권했다. 갑자기 나는 소파에서 벌떡 일어나 외쳤다. "한 아이가 있어요. 그 아이가 성적인 학대를 당했어요." 그리고 그 순간 깨달았다. 서른여섯 살이 되어서야 학대당한 내면 아이와 연결된 것이다. 오래전 추방되었던 내면 아이가 꿈을 통해 다시 의식으로 떠오를 기회를 얻었다. 그동안 그 기억을 꽁꽁 숨겨 왔던 나의 부분은 정말이지 지독한 보호자였다.

30년 넘는 세월 동안 나는 추방당하고 학대당한 내면 아이의 목소리를 잠재우려고 수많은 보호자 부분을 만들었다. 그중 어떤 부분에는 이름도 붙였다. 예를 들어, 안전감을 유지하기 위해 삶의 사소한 것 하나까지 철저히 감시하는 '통제자'가 있었다. 또 '칼을 빼 든 자'도 있었는데, 위협을 느낄 때면 곧장 공격적으로 변하는 관리자 부분이었다. 그 밖에 '중독자'도 있었다. 내면에 묻어 둔 극단적인 감정을 꺼트리려고 마약에 의존하는 소방관이었다. 이 보호자 부분들은 내가 어린 시절 학대와 관련한 고통스러운 감정을 직면하지 않도록 무던히 노력한 내 안의 수많은 부분 가운데 일부였다. 이들의 임무는 간단했다. '겁에 질린 어린 가브리엘'을 내면에 꽁꽁 숨겨 둔 채 절대 밖으로 내보내지 않는 것이었다.

덜 극단적인 예로 내 친구 사라의 사례가 있다(이 책에서 사례로 등장하는 인물은 모두 가명이다). 사라는 사랑이 넘치는 가정에서 물질적으로 부족함 없이 자랐다. 좋은 공립학교에 다녔고, 가족과 함께 휴가를 즐겼으며, 언제나 집에서 만든 음식을 먹었다. 그녀의 삶은 전반적으로 정말 괜찮았다. 다만 사라의 부모님은 그녀가 느끼는 감정적 경험을 종종 무시하곤 했다. 사라가 어떤 일로 힘들어할 때면 부모님은 "괜찮아, 잊어버려" 같은 말로 그녀의 감정을 막아 버렸다. 이런 무심한 말은 별것 아닌 것처럼 보여도 실은 사라에게 깊은 영향을 미쳤다. 그녀는 크든 작든 자신이 표현한 감정이 진정으로 이해받거나 안전하다고 느껴 본 적이 없었다.

부모님이 "괜찮아, 잊어버려"라고 말할 때마다 그것은 사라에게 자신의 감정이 중요하지 않거나, 자신에게 문제가 있거나, 혹은 자신이 너무 예민하다는 뜻으로 전해졌다. 충분한 정서적 지지를 받지 못한 어린 사라는 감정을 수치스럽게 느꼈다. 그 결과 마음이 불편할 때마다 상대를 비난하고 상대에게 수치심을 안기는 강력한 '보호자' 부분을 발달시켰다. 사라는 자신이 어떻게 느끼고 있는지를 말로 전하기보다 공격적인 태도와 부정적인 어조로 드러냈다. 수치심에 대한 가장 강력한 반응 중 하나는 고통을 회피하는 수단으로 '상대에게 수치심을 되돌려 주는' 것이다.

수십 년간 사라와 함께한 이 보호자 부분은 성인이 된 뒤에도 인간관계에 큰 문제를 일으켰다. 그녀는 사람들에게 진심을 털어놓는 데 어려움을 느꼈고, 자신의 감정은 별로 중요하지 않다는 신념을 품고 살았다. 수치심을 유발하는 그녀의 보호자 부분은 한시도 경계를 놓지 않았다. 자신이 부족하거나 사랑받을 자격이 없다고 느낄 때면 즉시 상대를 비난하거나 상대가 수치심을 느끼게 만들었다.

이런 행동의 이면에 자리 잡은 숨은 동기를 이해하면 잠시 멈춰 생각할 수 있다. 당신은 나와 사라의 이야기가 당신의 경우와 비슷하다고 느낄지 모른다. 사라와 내가 겪은 고통에 연민을 느낄 수도 있다. 지금 당신이 무엇을 느끼든 보호자 부분의 행동 동기를 알아내는 건 그것의 본질을 이해하는 데 반드시 필요한 첫 걸음이다. 이런 인식으로 얻은 통찰이 우리를 변화시키고, 이로써 우리는 자신과 유사한 보호 패턴을 보이는 타인에게 공감할 수 있다. 행동의 동기를 알면 참나의 연민이 흐르는 문이 열린다.

자신과 타인의 극단적인 패턴 뒤에 숨은 동기를 관찰할 때, 그 패턴을 성격의 결함이 아니라 내면의 보호자 부분이 수행하는 기능으로 볼 수 있다. 이런 관점의 전환은 매우 중요하다. 당신의 행동과 습관, 반응이 실패나 부족함을 나타내는 게 아님을 아는 데 도움이 되기 때문이다. 사실 이것들은 자신을 안전하게 보호하고자 하는 깊은 헌신의 증거이다. 물론 이 말이 자기 행동에 책임을 지지 않아도 좋다는 뜻은 아니다. 오히려 나는 자신의 행동에 책임을 지는 것이 무엇보다 중요하다고 생각한다. 그러나 행동을 유발하는 근원적인 동기를 다루고 치유하는 것 역시 마찬가지로 중요하다. 이를 통해 단순히 겉으로 드러난 증상을 치료하는 데 그치지 않고 근본 원인을 돌보고 치유할 수 있다. 나아가 평생 지속되는 깊은 변화를 이끌어 낼 수 있다.

이 공감적인 관점은 지금부터 안내할 장에서 더 깊은 성찰을 위한 길을 열어 준다. 이 새로운 관점에는 바로 지금, 바로 여기에서 당신의 방어적인 부분들을 의식적이고 건강하며 긍정적인 특성으로 변화시키는 내면 작업의 토대가 될 힘이 담겨 있다.

나의 신성한 사명

4단계 내면 점검 과정을 실천함으로써 보호자 부분의 지배에서 벗어나 '그 부분으로서'가 아니라 그들을 '위해' 듣고 말할 수 있다. 이 4단계 점검 과정은 참나의 에너지에 뿌리를 두고 있다. 매 순간 자신의 내면으로 돌아갈 선택권이 있음을 알아차리면 더 이상 과거의 희생자로 살지 않아도 된다. 내면으로 호기심을 확장하면 자연스럽게 공간이 마련되어 보호자 부분이 드러내고자 하는 바를 드러낼 수 있다. 그들에게 무엇이 필요한지 물음으로써 연민과 연결을 확장할 수 있다. 그런 다음 참나의 8가지 특성을 관찰함으로써 참나가 지닌 에너지를 더 생생하게 경험하고 그것을 삶 속에서 뚜렷이 드러낼 수 있다. 이를 통해 '자극과 반응 사이의 공간'에 평온하게 연결될 수 있다. 당신 안에 있는 부분들을 돌보고 다시 선택할 수 있다.

우리 안에 활성화된 부분들에 호기심을 가질 때 기적 같은 변화가 일어난다. 그 기적이란 자신에 대한 느낌이 변화하는 것이다. 자신이 생각하거나 행동하는 방식이 '올바르지 않다'라고 스스로 판단하거나 공격하기보다, 행동 이면에 숨은 감정과 동기에 호기심을 갖게 된다. 우리 안의 부분들을 회피하거나 부끄러워하거나 무디게 만들기보다 그것과 친구가 된다. 내면의 모든 부분을 인정하고 받아들여 주는 공간을 마련함으로써 그들이 평온함과 연결감을 느끼게 할 수 있다.

참나는 바깥에 있지 않다. 그것을 얻기 위해 특별히 무언가를 해야 하는 것도 아니다. 내면을 살펴볼 때마다 당신은 참나와 다시 연결될 기회를 얻는다. 참나와 적게나마 연결될 때마다 안도의 한숨을 쉬고, 순간적인 현존의 시간을 가지며, 몸이 안전하다는 단순한 경험을 하게 된다. 이 순간들이 바로 기적이다. 참나와 연결되는 기적 같은 순간이 많아지다 보면 자신의 본래 모습에 깃든 용감한 힘과 지혜를 떠올릴 수 있다.

지금 나는 내 안의 모든 부분을 존중하며 참나와 연결되어 있다. 이로써 내가 세상에 나서는 방식, 즉 삶을 이끌고 사랑하며 살아가는 방식도 완전히 바뀌었다. 한때 내 사업을 주도하던 보호자 부분이 평온해진 덕에 팀원들이 창의적인 공간에서 더 안전하게 성장할 수 있게 되었다. 방어적인 부분도 안정되면서 부부싸움을 벌이는 나와 남편을 연민의 시선으로 바라볼 수 있다. 참나 덕분에 나는 아들에게 필요한 안전하고 편안한 양육 환경을 마련할 수 있었다. 무엇보다 참나와 연결됨으로써 늘 갈망해 온 부모의 모습에 가까이 다가갈 수 있었다. 이제는 어떤 사랑의 존재가 나를 이끌고 지켜 주고 있음을 안다. 참나가 나를 인도하게 함으로써 나는 깊은 자유와 평화를 선물받았다.

이 말들이 당신에게 어떤 의미로 다가오는가? 참나를 따르면 직장에서 더 큰 성공을 거둘 수 있고 인간관계 역시 기쁨과 안전, 안정감으로 가득 찬다. 중독적이고 파괴적인 행동 패턴을 따뜻한 사랑과 연민의 마음으로 바라볼 자신감이 생긴다. 직관력이 높아지고 창조성과 평온함, 안전감을 더 자주 경험하게 된다. 내가 직접 경험했기에 확신할 수 있는 약속이다. 이 책에 담긴 방법들은 당신의 보호자 부분에 지지를 제공하며, 그들이 주변의 관심을 받고 있다고 느끼게 한다. 목표는 그들을 고치는 게 아니라 사랑으로 바라보고, 그들이 편안하게 느끼게 하며, 참나의 에너지가 흘러들 공간을 만드는 것이다. 그렇게 할 때 참나는 당신이 사용할 수 있는 가장 큰 내면의 자원이 되어 준다.

개인적으로 참나와 다시 연결되는 과정은 나를 완전히 새롭게 탈바꿈시킨 여정이었다. 에너지를 전환하고, 삶의 목적을 확장했으며, 삶의 모든 측면을 고양시켰다. 참나와 깊은 연결을 맺음으로써 나는 더 자유로워졌다. 이제 당신 안에 이미 존재하고 있는 자유로 당신을 안내하는 것이 나의 신성한 사명이다.

3장

나를 가로막는
보이지 않는 벽

약 20년간 나는 사람들에게 영적 원리와 실현의 힘을 가르쳐 왔다. 그러면서 알게 된 사실은, 많은 사람이 진정한 변화와 지속적인 변화를 이루는 데 필수적인 내적 작업을 가볍게 여긴다는 점이다. 엄연한 진실은, 우리가 겉으로 드러나는 행동을 바꿀 수 있을지는 몰라도 진정한 변화는 오직 내면에서 시작된다는 것이다. 변화는 내면을 치유함으로써 원하는 삶을 가로막는 핵심 신념을 해결할 때만 가능하다. 과거의 부정적인 신념, 트라우마와 고통, 아픔은 현재에 고스란히 나타나며 미래에 투영된다. "내가 원하는 걸 요구하는 건 안전하지 않아", "나는 돈 문제로 힘든 상태야", "나는 똑똑하지 않아", "나는 사랑받을 자격이 없어" 같은 신념이 의식을 지배하면 그것이 현실에 그대로 나타난다. 우리는 우리가 믿는 것을 현실로 만든다.

많은 사람이 빠른 해결책과 쉬운 방법을 원한다는 걸 알고 있다. 우리는 낭만적인 사랑과 풍요로움, 성공을 불러오는 도구를 원한다. 당장 변화를 바라는 그 마음을 이해한다. 실제로 즉각적인 변화가 가능한 때도 있다. 매니페스팅(manifesting)을 통해 관점과 태도, 에너지를 개선함으로써 원하는 바를 삶으로 끌어당길 수 있다. 그런데 원하는 것을 가져온 뒤에 그것을 지속할 수 있는가? 당신이 그것을 누릴 자격이 있다고 정말로 믿는가? 아니다. 지속적인 전환에는 참되고 오래가는 변화가 필요하다. 무한한 가능성을 향해 당신을 활짝 열어젖히고 삶의 방향을 전환시키는 그런 변화 말이다. 이를 위해서는 내면으로 깊이 뛰어들어야 한다.

참되고 지속적인 변화를 이루고 원하는 걸 실현하려면 우리 삶의 궤도를 형성하는 반복적인 생각과 어린 시절의 트라우마, 핵심 신념을 용기 있게 마주하면서 치유할 의지가 필요하다. 나는 이 과정에서 내면가족체계가 커다란 변화를 가져올 수 있음을 깨달았다. 용기, 연민, 명료함, 창조성을 지닌 내면 존재인 참나와 연결될 때 보호자 부분의 지배에서 벗어나 지속적인 변화가 일어난다. 과거의 짐을 내려놓음으로써 내면에서부터 자유로워지고, 우리를 억눌러 온 핵심 신념을 보다 안전한 환경에서 탐구하고 치유할 수 있다. 참나와 조화를 이루며 자신의 핵심 신념을 치유할 때 우리는 편안하게 살고, 삶을 신뢰하며, 자신이 원하는 바를 자연스럽게 실현할 수 있다.

당신은 지금까지 살펴본 내용을 돌아보며 이렇게 생각할지 모른다. "개비, 도대체 어떻게 나의 핵심 신념을 바꿀 수 있죠?" 도저히 불가능해 보일 수 있다. 좋은 소식은 당신이 이미 첫걸음을 내디뎠다는 사실이다. 이 책을 읽고 있다는 사실만으로도 당신은 이미 우주에 분명한 메시지를 보내고 있다. 변화와 치유에 나설 준비가 되었으며, 기꺼이 의지를 내겠다는 메시지를 말이다.

지금 처한 상황이 당신의 깊은 소망과 일치하지 않더라도 이렇게 믿을 필요가 있다. 당신은 이미 바른길에 들어섰다. 내면의 평화와 원하는 삶을 가로막는 자신의 모습을 있는 그대로 마주하는 것이야말로 변화의 첫걸음이다. 보이지 않으면 치유할 수 없고 받아들이지 못하면 변화시킬 수 없다. 살다 보면 중독에 빠지고 이혼을 하고 직업을 잃거나 심각한 질병을 얻을 때가 있다. 삶에서 무릎을 꿇는 이런 무서운 순간들이야말로 커다란 깨어남과 변혁을 촉발하는 계기가 된다. 그런 순간에 우리는 깨어져 열린다. 지금껏 없던 새로운 어떤 것에 대한 믿음의 가능성이 열린다. 그때 우리는 스스로를 참나에 내맡김으로써 그것이 우리를 돕게 한다.

책상에 앉아 이 글을 쓰던 날 밤, 나는 친구로부터 가슴 아픈 문자를 받았다. 내용은 간단했다. "그가 이혼하자고 했어." 나는 당장 전화를 걸었다. 친구는 한때 그녀의 가장 큰 소망을 이루어 주었던 남편이 지금 자신과 헤어지려 한다는 이야기와 함께 용기를 내 자신의 고통을 털어놓았다. 친구는 눈물을 흘리며 남편과의 관계가 무너진 데 대해 자신의 책임을 용기 있게 인정했고 자기 치유의 필요성을 인식했다. 나는 연민과 명료함으로 이렇게 답했다. "이게 바로 네가 나아갈 길인지 몰라. 바닥을 쳤을 때라야 너를 가로막는 핵심 신념을 치유할 기회가 생기거든."

나의 대답은 친구가 기대한 기운을 북돋는 말은 아니었지만 엄연한 진실이었다. 나는 새로운 파트너를 만나라는 신속한 조언이나 남편을 설득해 돌아오게 하는 법을 제시하지 않았다. 그보다 내가 해 줄 수 있는 가장 중요한 조언을 친구에게 전했다. 그것은 내면으로 돌아가 자신이 원하는 사랑을 가로막는 신념을 살펴보라는 것이었다.

　　이제 당신에게도 같은 조언을 전한다. 지금은 당신을 위한 순간이다. 과거를 치유하고 미래를 변화시킬 기회는 지금이다. 이 책을 펼친 순간, 당신은 이미 변화를 위한 첫걸음을 내디뎠다. 한 페이지 한 페이지를 읽어 나갈 때마다 내면을 들여다보며 당신 안에 있는 모든 부분과 기꺼이 연결되고자 하는 마음을 다져 보라. 이는 마음을 다잡는 과정일 뿐 아니라 뇌에 새로운 신경 경로를 만드는 놀라운 기회이기도 하다. 이를 통해 핵심 신념에 근본적인 변화를 가져올 수 있으며, 이런 내적 변화가 당신의 삶을 완전히 바꿀 것이다.

부정적 신념에 갇힌 사람들

생방송 강연 중에 나는 종종 청중들에게 어떤 믿음이 그들이 원하는 바를 끌어당기지 못하게 방해하는지 묻는다. 늘 비슷한 답이 돌아온다. "나는 능력이 부족해요", "나는 가치 없는 존재예요", "나는 사랑받을 자격이 없어요", "나는 가진 게 없어요", "나는 이걸 누릴 자격이 없어요", "성공하려면 모든 걸 통제해야 해요." 그러면 나는 더 깊이 파고들어 이런 믿음이 그들에게 어떤 감정을 일으키는지 묻는다. 흔히 돌아오는 답은 이렇다. 화가 난다, 짜증난다, 절망스럽다, 희망이 없다, 두려움을 느낀다. 부정적인 신념은 무의식에 매우 강력한 힘으로 쌓여서 사람들이 갇혀 있다는 느낌을 받게 한다. 그들은 이런 내적 갈등에서 벗어날 방법이 없다고 느낀다.

언젠가 라이브 세션에 참가한 한 여성이 내 질문에 답하며 좌절감을 표현했다. "이런 생각이 정말 싫어요. 그저 빨리 벗어나고 싶을 뿐이에요!" 나는 그녀와 시선을 맞추고는 조금 다른 관점을 제안했다. "만약 그런 생각에서 벗어날 필요가 없다면요? 그 믿음과 친구가 될 수 있다면요?" 그러자 청중들은 안도의 숨을 내쉬었다. 그런 믿음을 거부하지 않고 품어 안을 수 있다는 생각에 마음이 놓이는 듯했다. 이런 관점의 전환으로 인해 내면의 갈등에 대처하는 완전히 새롭고 용기 있는 접근법이 열렸다.

강연장에서 그녀와 대화를 이어 가던 중 나는 우리가 지닌 부정적인 믿음과 행동이 실은 우리를 보호하는 메커니즘임을 넌지시 암시했다. 부정적인 믿음과 행동이 내면 부분들을 대신해 마주하기 고통스럽고 받아들이기 힘든 과거의 해결되지 못한 감정으로부터 그녀를 보호하기 위해 끊임없이 애쓰고 있다고 말했다. 그 순간 그녀의 에너지가 바뀌었다. 천여 명이 넘는 낯선 사람들로 가득한 어두운 강당에서 집단의 에너지가 조화를 이루었고 청중들은 고개를 끄덕이며 공감했다. 이런 연결을 통해 청중들은 한 여성의 변화에서 비롯한 유익함을 모두 함께 누렸다. 그렇게 참나가 지닌 집단적 에너지가 일어났다.

　나는 집단적인 참나 에너지의 변화에 힘을 얻어 이렇게 물었다. "이런 관점에서 보면 당신의 느낌이 이전과 어떻게 달라지나요?" 그녀가 답했다. "내가 가진 신념과 패턴이 상처 입은 과거로부터 나를 보호하려는 시도라고 생각하니 나에 대한 연민의 마음이 올라와요." 연민으로 가득한 자각이 일어나자 참나가 모습을 드러내는 문이 활짝 열렸다.

당신 안에 어떤 목소리가 있는가

당신의 가능성을 제한하는, 두려움이 깔린 신념들을 잠시 살펴보자. "나는 어떻게 해도 부족한 사람이야", "아무도 나를 좋아하지 않아", "성공하려면 고통을 겪어야 해." 당신의 내면에 끊임없이 재잘대는 이런 대화가 있는가? 당신의 삶을 지배하는 핵심 신념 하나를 선택해 본다. 그 신념은 당신에게 어떤 감정을 일으키는가? 그 신념이 당신의 삶을 어떻게 가로막고 있는가?

　이제 그 신념에 마음을 열어 본다. 그 신념이 과거에 생긴 불편함을 관리하려 애쓰는 내면의 보호자 부분일 수 있다고 생각해 본다. 시간이 지나며 쌓인 당신의 방어기제가 신념을 더 단단하게 만들었을지 모른다. 그 방어기제는 당신이 불편하게 느끼는 추방당한 감정을 관리하는 보호자 부분이다. 이 과정을 머리로 이해하려 한다면, 당신은 그 신념을 일종의 보호 수단으로 보는 게 불편할 것이다. 당신은 그 신념에 단단히 걸려 있어 지금과 다른 삶의 방식을 떠올리지 못한다. 깊이 심호흡을 하며, 지금 떠오르는 어떤 감정이든 그것과 함께해 본다.

'부분'은 '나'가 아니다

내면가족체계에서는 내면의 각 부분이 우리에 대한 나름의 신념을 갖고 있다고 본다. 이런 신념들은 흔히 과거의 경험, 조건화된 생각, 감정적 혼란으로부터 생겨나는데 각각의 부분은 당신의 정신에 존재하는 고유한 성격으로서 자신만의 신념 체계를 단단히 고수한다. 어떤 부분은 강점을 인정하는 긍정적인 신념을 갖는가 하면, 다른 부분은 과거의 트라우마에서 비롯한 비판적인 신념을 지닐 수 있다. 각 부분이 어떤 인식을 갖느냐에 따라 핵심 신념이 다르게 형성되며 그에 따라 생각과 감정, 행동도 영향을 받는다.

　한때 나는 과도한 자기 비난에 시달리며 세상의 모든 잘못이 자기 책임이라고 믿는 친구에게 이런 생각을 전달한 적이 있다. 친구의 내면에는 판단을 내리는 부분, 즉 도저히 극복할 수 없는 강력한 내면의 비판자가 자리 잡고 있었다. 그럼에도 친구는 내 책을 읽고 내 작업에 열린 마음을 보였다. 그만큼 간절히 치유를 바라고 새로운 것을 시도하려는 의지가 있었기 때문이다. 나는 4단계 내면 점검 과정을 제안했고 친구는 동의했다. 나는 친구가 자기 안의 비판적인 부분에 호기심을 갖도록 이끌었다.

"아주 오래전부터 그랬어." 친구가 말했다. 그러면서 자기 자신과 전쟁이라도 벌이듯 턱과 주먹에 힘을 꽉 주었다. "난 벌을 받아도 싼 인간이야"라며 친구는 이를 악물고 중얼거렸다. 나는 그가 자기 안의 보호자 부분과 동일시되어 완전히 하나가 된 상태임을 알았다. 친구는 내면의 비판적 부분이 보는 시각 외에 다른 관점을 전혀 갖지 못했다. 내면의 비판과 공격이라는 핵심 신념이 깊이 뿌리내린 나머지 다른 대안을 떠올리는 걸 견디기 힘들어했다. 그 순간에 친구 내면의 비판자가 단단히 통제권을 쥐고 있음이 분명했다.

나는 친구에게 가슴에 손을 얹고 잠시 그곳으로 숨을 불어넣어 보라고 말했다. 이 방법은 그 부분을 진정시키는 데 도움이 되었다. 나는 용기를 낸 친구를 격려하면서, 그 부분의 저항을 존중하고 다음번에 다시 이 문제로 돌아가자고 제안했다. 그는 내면의 비판자가 가진 신념과 너무도 깊이 융합되어 있었기에 섣불리 도전하지 않는 게 중요했다.

내면가족체계에 따르면, 내면의 특정 부분과 '뒤섞인' 상태에 있는 사람은 '자신이 곧 그 부분'이라 믿으며 그 밖의 다른 현실이 존재할 수 있다는 생각을 전혀 하지 못한다고 한다. 이런 뒤섞임 상태에서는 오직 그 부분이 느끼는 감정만을 경험할 뿐이다. 내 친구의 경우 주변 사람에 대해서는 죄 없고 순수한, 용서 가능한 존재로 인식하는 세계에 살면서도 자기 자신에 대해서는 비난하고 공격하는 태도로 일관하며 스스로를 인질로 삼고 있었다.

내면의 특정 부분과 뒤섞인 사람은 '자신이 곧 그 부분'이라는 생각으로 행동하는 경우가 많다. 예를 들어, 분노에 찬 내면 부분과 뒤섞인 사람은 폭력적인 에너지를 드러내거나 공격적인 신체 행동을 보인다. 그런 다음 "내가 왜 그랬는지 모르겠어"라는 식으로 말한다. 그들은 분노에 찬 내면 부분의 관점에서 행동하며 그 부분의 충동과 감정을 한껏 드러낼 뿐이다. 마치 완전히 다른 인격이 주도권을 쥔 것처럼 참나와 연결되지 못한다. 그 순간에 자신이 강렬한 감정과 뒤섞여 있음을 인식하는 게 거의 불가능하다. 어떤 사람은 항상 이렇게 자기 안의 특정 부분과 뒤섞인 상태로 지내는 반면, 또 어떤 사람은 감정이 자극받을 때만 특정 부분과 뒤섞인다. 내 친구의 경우는 비판자 부분과 늘 뒤섞인 채 살았기에 그 부분이 가진 인식 너머의 다른 현실을 전혀 볼 수 없었다.

이렇듯 뒤섞인 상태에서는 그 부분의 경계를 느슨하게 하는 데 커다란 거부 반응을 보일 수 있다. 이런 상황에서 무리하게 참나의 치유를 시도하면 자칫 활성화된 내면 부분을 더욱 자극할 수 있다. 그 부분들은 추방된 감정을 무디게 만들려고 오랫동안 애써

왔기에 그것이 생존을 위한 유일한 길이라고 믿는다. 그들은 다른 생존 방식을 생각해 본 적이 없다. 늘 경계 태세를 유지하며, 어떤 자극에도 즉각 반응할 준비가 되어 있다. 혹은 늘 뒤섞인 상태에서 살지는 않더라도 그 부분이 주도권을 쥐는 상태에 들어갔다 나오기를 반복하기도 한다. 자신이 지금 특정 부분과 뒤섞여 있는지를 확인할 수 있는 징후가 있다. '무언가가 나를 덮친 듯한' 느낌이 들 때다. 보통 극단적인 감정 표출이나 파괴적인 행동을 한 뒤에야 비로소 이를 인식할 수 있지만, 나중에라도 뒤섞인 상태를 알아보는 건 여전히 중요하다.

자신이 내면 부분과 뒤섞여 있음을 인지하기는커녕, 아직도 그 존재 자체를 전혀 깨닫지 못했을 수 있다. 내면 부분들이 실제로는 당신을 보호하기 위한 장치임을 여전히 받아들이기 어려울 수 있다. 내면으로 주의를 향하라는 제안조차 당신의 감정을 자극할 수 있다. 서두르지 말고 이 책을 읽어 보라. 열린 마음과 호기심으로 당신의 속도에 맞춰 연습하면 된다. 조바심 내지 말고 지금 일어나는 감정을 존중하면서, 자신에게 적합한 방식으로 치유의 여정을 받아들이자. 거부감이 들면 그저 호기심을 지속할 수 있는 공간을 마련해 본다. 저항하는 것 자체가 당신의 보호자 부분이다. 명심하라. 이 책을 따라가는 것만으로도 이미 치유가 시작되었다. 성장을 향해 나아가는 길에서 당신의 본능을 믿어라. 가볍게 나아가라. 편하다고 느끼는 속도로 나아가면 된다.

참나는 우리의 본성이다

우리는 모두 참나를 지니고 있다. 그렇다면 우리는 언제나 참나 속에서 살 수 있을까? 그렇지 않다. 그러나 호기심과 연민으로 내면 부분들을 돌볼수록 참나가 더 쉽게 드러난다. 참나는 언제나 배경에 존재하며 우리를 돕고자 한다. 우리는 그저 참나를 받아들일 공간을 마련하면 된다.

인식의 미묘한 변화를 경험할 때, 즉 자신의 파괴적이고 극단적인 패턴과 신념을 보호 장치(보호자 부분)로 알아볼 수 있을 때, 우리 정신에 기적 같은 변화가 일어난다. 이런 인식의 전환은 참나가 자연스럽게 나타나도록 문을 열어 준다. 거기서 연민, 용기, 연결, 명료함, 창조성, 평온함의 순간들이 자연스럽게 흘러나온다. 이때 우리는 자신이 이전과는 다르며, 우리 안의 부분들이 결코 '나쁜' 것이 아님을 깨닫는다. 그들은 단지 우리를 보호하는 역할에 과도하게 몰두했을 뿐이다. 참나를 인식하는 작은 변화만으로도 이렇듯 내면에 근본적인 변화가 일어난다.

참나는 손상되지 않으며 풍부한 자원을 가졌다. 그것은 우리 내면의 성숙한 부모와도 같다. 참나는 무조건적인 사랑의 에너지를 구현하며, 우리 안의 모든 부분을 조화로 이끈다. 1장에서 말했듯이 참나는 우리의 신성한 본성이자 우리 안의 신이다. 지혜와 자비로 내면세계를 항해하는 불성(佛性)이다. 참나와 연결됨으로써 우리는 온전함과 치유의 감각을 키울 수 있고, 버겁다고 느끼지 않으면서 우리 존재의 모든 부분을 품어 안을 수 있다. 참나를 내면의 부모, 즉 외부의 삶에서 한 번도 경험하지 못한 양육적 존재로 생각해 보자. 참나의 자비로운 본성과 연결될 때 오랫동안 당신을 억누른 두려움 깔린 제한적인 신념을 해소할 수 있다.

이렇게 생각해 보자. 외로움을 느끼거나 자극을 받거나 중독에 빠지거나 안내가 필요할 때마다 당신의 내면에 리더가 있다고 말이다. 그는 해결책을 찾는다. 당신이 말하지 못할 때 목소리를 내는 용기의 에너지며, 창의적이고 자애로우며 연결되고자 하는 평온한 존재다. 잠시 그것이 어떤 느낌인지 느껴 보자. 희망적이고 낙관적으로 느껴지는가? 가능성에 대한 감각이 느껴지는가? 아니면 그런 느낌을 거부하는 냉소적인 부분이 보이는가? 다가오는 어떤 감정이라도 존중한다. 많은 사람에게 참나라는 개념은 부담스러울 수 있다. 특히 자신이 평생 혼자이며 돌봄을 받지 못했다고 생각한다면 더욱 그렇다. 자신이 생존할 수 있는 유일한 방법은 내면의 보호자 부분을 지속하는 것이라고 믿으며 살아왔기 때문이다.

좋은 소식은 참나를 머리로 이해하거나 지적으로 분석할 필요가 없다는 것이다. 참나의 의식을 받아들이는 건 지적 활동이 아니라 내면에서 일어나는 직관적 경험이다. 따라서 과도한 분석은 필요 없다. 책과 함께 내가 안내하는 대로 따라가면 된다. 앞으로 나아가면서 당신은 참나가 지닌 지혜와 현존에 자연스럽게 연결될 것이다. 그것은 치유와 변화를 향한 당신의 여정에서 핵심이다. 이 과정을 믿으면서, 자기 발견과 성장의 심오한 탐구에서 내면의 깨달음이 당신을 이끌게 해 보라.

내면 탐구를 위한 준비 작업

지난 장에 소개한 4단계 내면 점검 과정을 열린 마음으로 시도해 보고 싶은가? 그렇다면 지금 자신의 마음 상태를 살피면서 깨어 있는 마음으로 점검 과정에 들어서겠다고 선택해 보자. 잠시 내면으로 주의를 모은다. 지금 당신을 가로막고 있는 특정 신념이 무엇인지 자신에게 물어본다. 당신 안에는 완벽주의자가 있는가? 아니면 일중독자가 있는가? 어쩌면 당신은 내면에서 타인을 기쁘게 하려는 부분, 중독자 부분, 통제자 부분을 보게 될 수도 있다. 지금 삶에서 가장 두드러지게 나타나는 생각과 느낌, 감정에 목소리를 실어 보라. 대부분의 시간 동안 (혹은 언제나) 당신과 함께 있는 그 부분 말이다. 그것을 노트에 적으면서 받아들이고 인정해 본다.

　살면서 자극받고 활성화되는 내면 부분들을 감지했다면, 이제 내면 점검 과정에 들어가 그 부분들에 대해 더 자세히 알아본다. 그 부분들에 다가가 더 깊이 탐구하는 허가장을 자신에게 요청하라. 당신은 이 요청에 '예!'라는 답을 받을 수도 있고 주저함과 두려움을 느낄 수도 있다. 어쩌면 내면의 모든 부분과 단절되었다고 느끼며 완전히 차단된 느낌을 받을 수도 있다. 어떤 반응이든 온전히 존중한다. 막혔다고 느끼거나 지금으로서는 그 부분을 들여다볼 준비가 되어 있지 않다고 해도 괜찮다. 매우 흔한 일이다.

당신이 어떤 상태이든, 지금부터 안내할 과정을 찬찬히 읽으며 당신에게 어떤 울림이 일어나는지 주목해 보라. 2장에서 말했듯이 효과적인 가르침은 반복을 통해 이루어진다. 특정 실천법과 메시지를 반복할수록 그 내용이 머릿속에 더 분명히 자리 잡는다. 이런 이유로 이 책의 모든 장에서 4단계 내면 점검 과정을 반복적으로 시도할 것이다. 각 장에서 이를 활용해 내면 부분들과 연결하면서 참나에 다가가는 새로운 방법을 깊이 탐구해 본다. 연습을 거듭할수록 더 수월하게 적용할 수 있을 것이다.

서두를 필요는 없다. 자신의 속도에 맞춰서 하면 된다. 실제로 당신 안의 특정 부분이 유독 저항을 보일 때는 호기심을 유지한 채 안내하는 방법을 배워 가되, 곧장 적용하지 않는 게 더 바람직할 수도 있다. 내면 부분들이 감당할 수 없는 부담을 안겨서는 안 된다. 이 과정은 부드럽고 자비로운 과정임을 명심하라.

당신 안의 보호자 부분을 인지하고 편안하게 들여다보게 되었다면, 이제 첫걸음을 내디뎌 보자. 본능을 믿고 감정을 존중한다. 내가 당신 곁에 있다는 사실도 기억하라.

내면 점검: 핵심 신념 들여다보기

1단계: 내면을 들여다보기로 선택하기

1단계는 '선택'이라는 단어로 시작한다. '선택'을 핵심 단어로 삼은 이유는 내면 부분들이 아직 어리고 고통받으며 두려워하는 존재이기 때문이다. 고통받고 트라우마를 겪으며 수치심을 느끼던 순간에 그것 외에는 다른 선택의 여지가 없었다. 그 부분들은 원하지 않는 걸 요구받을 때 압도당한다. 따라서 이 과정은 반드시 당신의 동의가 있어야 한다. 즉 의식적으로 내면으로 향하겠다는 선택에서 출발해야 한다. 동의와 선택이 없다면 내면 부분들이 더욱 활성화되면서 저항할 것이다. 점검 과정에 들어서겠다는 스스로의 선택으로 이 과정을 시작해야 한다. 어쩌면 당신은 책을 다 읽고 나서야 내면 점검 과정에 안전하게 들어설 수 있다고 느낄지 모른다. 그래도 괜찮다. 다만 그것이 어떤 느낌인지 주의를 기울이면서 의식적인 선택 단계를 건너뛰지 않도록 한다.

내면 점검 과정에 들어서겠다는 선택을 편안하게 내릴 수 있다면 언제 어디서든 혼자서 이 과정을 활용할 수 있다. 자극받거나 흥분된 감정을 느낄 때마다, 그것은 내면으로 향하는 일종의 신호가 될 것이다. 격렬한 느낌과 감정을 억누르기보다 그것을 내면으로 이끄는 신호, 당신 안의 어린 부분이 도움을 요청하는 신호로 받아들여라. 그렇게 함으로써 잠시 멈춰 감정 자극 요인에서 벗어날 수 있다. 내면 점검 과정에 들어서기로 선택할 때 '내가 곧 그 부분'이라는 믿음을 잠시 멈출 수 있다. 동시에 강렬한 느낌과 감정을 말 그대로 당신의 '일부'로 볼 수 있다.

지금 잠시 자신의 감정을 살펴본다. 이 과정을 따를지 말지는 당신의 선택이다. 지금 이 순간 당신에게 적합한 선택은 무엇인가? 당신은 내면을 살펴보기로 선택하겠는가?

2단계: 호기심 갖기

내면을 들여다보기로 선택했다면, 다음 단계는 내면의 존재에 호기심을 갖는 것이다. 당신은 그 부분에 이름을 붙일 수도 있고, 그것이 무엇인지 더 알아보고 싶은 느낌을 가질 수도 있다. 호기심은 더 많은 정보를 모아 힘겨운 감정과 생각, 감각을 '나'가 아닌 '나의 일부'로 보게 해 준다. 호기심은 참나가 주는 선물이자 겉으로 드러난 내면 부분에 대한 존중의 표현이다.

눈을 감고 내면으로 주의를 향한다. 눈을 감는 게 불편하거나 그럴 수 없는 상황이라면 눈을 떠도 괜찮다. 점검 과정에 대해 지나치게 분석하지 않는다. 당신 안의 분석적이고 냉소적인 부분이 점검 과정을 머리로 이해하고 이성적으로 설명하려고 할 수 있다. 그럴 땐 그 부분을 알아보면서 잠시 뒤로 물러나 달라고 친절하게 부탁한다. 말하고 싶어 하는 내면 부분들에게 공간을 마련해 준다. 직감을 믿어라. 어떤 경험을 하든 그것에 관해 지나치게 생각하기보다 단순히 귀 기울여 듣는다고 생각한다. 이 과정은 내면 세계에 주파수를 맞추는 과정이므로 지금 이 순간에 머물며 일어나는 무엇이든 받아들인다.

- 한 손은 가슴에, 다른 손은 배 위에 올려 신경계를 안정시킨다.
- 천천히 호흡하면서 내면으로 주의를 향한다.
- 지금 이 순간 내면에서 일어나는 감정, 생각, 감각을 알아차린다.
- 그 감정들은 몸의 어디에 자리 잡고 있는가?
- 색깔이나 모양이 있는가? 혹은 긴장감이나 통증이 느껴지는가?
- 느껴지는 무엇이든 있는 그대로 관찰한다.
- 그 부분에 대해 무엇을 알고 있는가?
- 그 부분은 나이와 성별이 있는가? 얼마나 오랫동안 존재해 왔는가?
- 그 부분과 관련해 어떤 이미지와 이야기, 생각이 떠오르는가?
- 그 부분이 당신에게 알려 주고 싶어 하는 또 다른 무언가가 있는가?

내면 부분을 느꼈다면, 이제 다음 단계로 나아가 그것과 더 깊이 연결해 보자.

3단계: 연민으로 연결하기

부드러운 마음으로 가슴에 살며시 손을 얹고 다시 한번 깊이 숨을 들이쉰다. 계속해서 당신의 감정과 생각, 내면의 감각에 숨을 불어넣으며 공간과 받아들임을 선사한다.

깊이 숨을 들이쉬고 내쉬면서 내면 부분에게 이렇게 묻는다. "지금 무엇이 필요하니?" 대답에 귀 기울인다. 돌아오는 답이 당황스럽더라도 의심하지 않는다. 이때 당신이 보이는 반응에 숨을 불어넣고, 존중하며, 그것을 알아보고 경청하는 공간을 마련한다. 그 부분의 요청을 온전히 받아들인다. 종종 내면 부분들(어린아이들)은 이렇게 말할 것이다. "놀고 싶어. 쉬고 싶어. 춤추고 싶어." 어떤 요청이든 그것과 함께 존재한다.

내면의 목소리는 당신의 감정을 깊이 울리는 방식으로 반응할 수 있다. 그 목소리를 자비롭게 지켜보면서 그것이 필요로 하는 것(안전하다는 느낌, 인정받고 지지받는 느낌)을 말하도록 허락한다. 어쩌면 잠시나마 그 목소리가 당신 내면의 자비로운 참나 에너지와 연결되었다고 느낄 수도 있다.

주의해야 할 점이 있다. 이 신념들은 매우 오래 지속된 나머지 우리는 그것에 지나치게 의존하게 되었고, 그로 인해 참나의 존재가 가려져 버렸다. 따라서 이 과정을 무리하게 진행해서는 안 된다. 부드럽게 내면 부분에 다가가 지금 무엇이 필요한지 물어본다. 이 행위 자체가 그 부분에 대한 깊은 헌신이다. 내면 점검 과정을 통해 마음을 열어 참나의 특성에 다가갈 수 있다. 아무것도 할 필요가 없다. 다만 점검 단계를 따라가면서 일어나는 대로 허용하면 된다.

4단계: 참나의 특성 확인하기

이제 당신이 어떻게 느끼는지 잠시 살펴보자. 마음이 더 열린 것 같은가? 조금 더 평온해졌다고 느끼는가? 당신 안의 그 부분과 연결될 수 있었는가? 참나의 특성(확신, 평온함, 창조성, 명료함, 호기심, 용기, 연민, 연결) 가운데 어떤 것을 느꼈는지 살펴본다. 그중 하나라도 (잠시나마) 느꼈다면 참나의 존재가 나타났음을 알 수 있을 것이다. 참나의 에너지는 언제나 우리 곁에 존재하며, 내면 점검 과정은 참나가 자연스럽게 드러날 수 있는 공간을 마련해 준다.

만약 내면 부분과 좀 더 시간을 보내고 싶다면 아주 좋은 일이다! 눈을 감고 그 부분과 함께 숨을 쉬어 본다. 그 부분에 관한 영감이 떠오르면 노트에 적어도 좋다. 그것과의 연결을 이어 가고 싶은 마음이 든다면 주저하지 말고 점검 과정을 지속한다. 자신의 속도와 시간에 맞춰 나아가면 된다. 원하는 만큼 그 부분과 연결된 상태에서 시간을 보내도 좋다.

잠시 돌아보기

내면으로 향하는 느낌이 어땠는가? 마음을 닫은 채 연습을 포기했는가? 방어적이고 집중하지 못하는 내면의 모습이 드러났는가? 하품을 하거나 졸음이 왔는가? 나의 경우 내면가족체계를 처음 연습할 때, 취약한 내면의 모습을 볼 때마다 하품을 하거나 딴 곳에 정신이 팔리곤 했다. 순간적으로 피로하다고 느끼기도 했는데, 이는 내 안의 또 다른 부분이 나섰기 때문이다. 그것은 나의 취약한 부분이 드러나지 못하게 방어하는 보호자였다. 내면 점검 과정에서는 취약함과 추방된 감정을 덮어 버리려는 온갖 종류의 보호자가 나타난다. 거기에 '보호자'라는 이름을 붙인 이유가 바로 이것이다.

책에 소개하는 방법을 실천할 때 드러나는 내면의 모든 부분을 의식해 보라. 처음 특정 부분에 초점을 맞춰 시작했더라도 감정이 한꺼번에 밀려오는 것을 막기 위해 순간적으로 또 다른 보호자 부분이 나타날 수 있다. 하나하나 떠오를 때마다 호기심을 지속한다. 살펴보던 부분을 다른 부분이 나타나 덮어 버린다면 전면에 나선 새로운 보호자에게 초점을 맞춰도 좋다.

특정 부분과 어느 정도 연결되었다고 느낀다면, 이제 그 부분에 대해 어떤 감정을 느꼈는지 솔직히 노트에 적어 본다. 마음이 열렸다고 느꼈는가, 아니면 닫혔다고 느꼈는가? 다시 말하지만 정답이나 오답은 없다. 그 부분에 어떤 느낌을 가졌는가? 그 부분과 열린 마음으로 연결되는 경험을 했다면 순간적이나마 그것은 어떤 느낌이었는가? 마음이 넓어지는 느낌, 몸에서 느껴지는 전율의 감각, 또는 잠깐의 안전함을 느꼈을 수 있다. 연민, 호기심, 연결, 용기, 창조성, 명료함, 평온함, 확신 등 참나의 특성 가운데 어떤 것을 느꼈는가?

노트에 적었다면 잠시 그 내용을 되새겨 본다. 자기 자신에게 조금 전 드러난 부분을 알아보는 마음의 공간을 마련해 준다. 저항이 생길 수도 있고 마음이 열렸다고 느낄 수도 있다. 이 과정을 너그럽게 진행한다. 특정 부분에 주의를 집중하다 보면 격한 감정과 강한 저항이 일어날 수도 있다. 처음에 나는 이 내면 탐구에 커다란 저항을 보인 나머지 분리 상태에 빠지거나 현실에서 벗어나거나 때로 잠에 빠지기도 했다. 내면의 특정 부분과 연결하는데는 시간이 걸릴 수 있다.

나는 당신이 내면에 여러 부분이 존재한다는 생각에 마음을 열고 그 부분들과 연결됨으로써 당신이 사용할 수 있는 참나의 에너지가 존재한다는 사실을 깨닫도록 돕고 싶다. 4단계 내면 점검 과정을 보조 바퀴를 단 네발자전거를 타는 일로 생각해도 좋다. 억지로 머리를 굴려 자전거 타는 법을 이해할 필요는 없다. 그저 자전거에 올라탄 다음 보조 바퀴가 지지해 줄 것을 믿으며 페달을 밟으면 그만이다.

이것은 자신을 완전히 새롭게 경험하는 방식이다. 새로운 습관이라면 어떤 것이든 익숙해지기까지 시간이 걸린다. 그러나 한 번 익혀 두면 근육이 기억하듯 자연스러워진다. 새로운 행동을 반복함으로써 영적인 연결이 이뤄질 뿐 아니라 뇌에 새로운 패턴이 자리 잡는다. 당신은 싸움, 도망, 얼어붙음이라는 오래된 신경 고리에서 벗어날 수 있다. 해결책이 있다는 사실, 당신 안에 평화가 깃들어 있음을 깨달음으로써 새로운 안전의 기준을 세우고 내면의 평화를 느낄 수 있다.

이것은 엄청난 작업이다. 내면을 들여다볼 용기를 낸 당신에게 삼시 축하를 보내고 싶다. 당신은 내면으로 향하는 공간을 마련함으로써 잠깐이나마 자신에 대한 관점을 미묘하게 변화시켰다. 내면 부분에 주의를 기울일 때, 연결에 필요한 창조적 가능성이 열린다. 이 단계를 자주 밟을수록 참나와 더 자주 만나게 된다. 무엇보다 놀라운 점은 참나가 더 많은 참나를 창조한다는 것이다. 참나의 에너지에 접속할수록 그것은 증폭된다. 참나와 접속할수록 당신은 그것을 더 원하게 된다. 참나의 에너지는 당신의 핵심 신념을 재구성하고 당신이 진정한 자기 자신의 모습으로 돌아가게 하는 힘을 지니고 있다.

내면의 아이를 돌보는 법

우리의 내면 부분들은 오랜 시간 과거의 짐을 짊어진 채 감당하기 어려운 역할을 떠맡아 왔다. 그들은 나쁜 존재가 아니다. 단지 두려움에 짓눌렸을 뿐이다. 순수한 아이들처럼 그들 역시 우리의 사랑과 보살핌, 인정을 받아 마땅한 존재들이다. 내면 부분들을 순수하고 취약한 존재로 바라볼 때 그들에게 우리의 관심이 필요하며 또 그것을 받을 자격이 있음을 분명히 알게 된다.

나는 종종 여섯 살 아들 올리버(내 최고의 스승)와의 관계를 생각한다. 그러면 매일 아들에게 새로운 부분이 드러나는 걸 볼 수 있다. 나는 아들이 겪는 삶의 경험과 그것에 대한 그의 내적 반응을 통제할 수 없다. 하지만 아들의 내면 부분이 지지를 필요로 하는 순간 곁에 있어 줄 수는 있다. 그렇게 아들을 위한 안전한 공간을 마련해 줄 수 있다. 나는 아들의 내면 부분에 호기심과 온전한 관심, 무조건적인 사랑을 보낸다. 아들의 내면세계에 귀 기울이면서 그들이 짊어지고 있는 짐을 내려놓을 기회를 마련해 준다. 그렇게 함으로써 나의 참나 에너지가 자기 발견과 치유의 여정으로 나아가는 아들을 안내하게 한다.

안타까운 현실은 대부분의 부모는 개인의 성장에 헌신하는 자기계발서 저자가 아니라는 점이다. 대다수 사람이 자신의 내면세계에 대한 인식조차 없이 살아가며, 자녀의 내면은 더더욱 이해하지 못한다. 아이들의 교육과 양육 과정에서 내면세계에 대한 인식을 우선시하지 않는다. 아예 없는 경우도 많다. 그러나 내면가족체계의 치료 개념을 받아들이면 자신과 아이들에게 회복탄력성과 자립으로 향하는 길이라는 커다란 선물을 선사할 수 있다.

이때가 바로 자기 내면 점검 과정이 필요한 순간이다. 이 순간은 내면의 아이와 내면의 부모인 참나의 연결을 발전시킬 기회다. 참나와의 연결이 강화될수록 내면의 아이들을 더 수월하게 돌보고 지지할 수 있다. 그들은 지금까지 버거운 역할과 신념을 강요받으며 고통받았다. 그런 그들을 위해 참나가 도움을 줄 수 있는 공간을 마련하려면 매일매일 헌신과 약속이 필요하다. 당신 내면의 어린 부분은 여섯 살 난 아이들만큼 말랑말랑하지 않을지 모른다. 그러나 그들은 열린 마음으로 참나와 연결될 때 지난 과거를 새롭게 처리하는 능력을 분명히 가지고 있다. 내면 부분 하나하나를 들여다볼 때마다 당신은 그것을 안정시키고 인정하는 기회, 참나가 도움을 줄 수 있는 기회를 만들고 있다.

내 말을 그대로 믿지 않아도 좋다. 연구에 따르면 내면가족체계는 깊이 자리 잡은 과거의 트라우마를 치유하는 데 도움이 될 수 있다고 한다.[1] 또 지금 이 순간, 참나와 연결될 때 삶의 모든 영역에서 안녕감과 만족감이 일어난다고 한다.[2] 내면가족체계가 우울증[3], PTSD[4], 대인관계 갈등에서부터[5] 류마티스 관절염[6], 편두통[7] 등 신체 질환에 이르기까지 다양한 문제를 해결하는 데 효과적임을 입증하는 연구 결과가 점점 많아지고 있다. 연구자들은 하루가 다르게 내면가족체계가 지닌 치유력을 깊이 깨닫고 있다.

과거의 짐에서 자유로워지는 일은 하룻밤에 되지 않는다. 자기의 내면 부분을 인식하고 그것에 호기심과 연민, 연결을 보낼 때마다 그 부분이 당신의 존재 전체에 영향을 미치는 근본적인 변화를 경험할 기회를 갖는다. 내면 부분이 참나가 지닌 연결과 연민의 에너지를 느낄 수 있다는 걸 받아들이는 것만으로도 변화할 수 있다. 왜일까? 이 점검 과정은 당신이 그토록 원하던 안전이 이미 당신 안에 있음을 일깨우기 때문이다. 우리가 겪는 대부분의 고통은 그것을 떠안은 채 홀로 남겨진 데서 비롯한다. 부모나 보호자의 도움을 받지 못한 우리는 부담감에 짓눌리고 압도당한 채 얼어붙었다. 그러나 참나의 에너지와 다시 연결될 때, 당신은 늘 바깥에서 구하던 평온함과 안전감이 내면에서 일어남을 볼 것이다.

우주가 건네는 작은 선물

내면 점검 과정은 내면가족체계에 기초한 자기계발 도구로서 내면 부분들을 확인하면서 참나가 보내는 빛을 경험하는 과정이다. 점검 과정의 모든 단계에는 참나의 특성이 깃들어 있다. 나는 선택, 호기심, 연민, 연결 등 참나의 특성에 초점을 맞출 때 직관적으로 참나가 들어설 문이 열린다는 관점으로 이 프로그램을 만들었다. 내면의 보호자 부분들은 우리가 스스로를 점검할 수 있다는 사실을 고려하지 않으며, 스스로에게 호기심을 갖지도 않는다. 그들이 당신에게 연민 어린 연결을 건넬 가능성도 적다. 이런 이유로 내면 점검 과정의 각 단계를 통해 그 작업을 하는 것이다.

모든 압박감을 내려놓길 바란다. 자연스러운 내면 점검 과정에 자신을 내맡길수록 참나가 나타날 공간이 커진다. 참나의 에너지는 뜻밖의 순간에 다가오기도 한다. 특정 부분을 확인하는 때일 수도 있고, 그로부터 몇 시간이 지난 뒤 노트에 기록하는 동안일 수도 있다. 그 순간 문득 평온함과 창의적 에너지가 분출하는 것을 느낄 것이다. 그런 순간들에 주목하라. 그것은 우주가 주는 작은 선물이다. 그 순간들이 쌓여 가도록 하라. 참나와의 연결은 이미 시작되었다. 참나가 비추는 빛 하나하나가 내면에 변화를 일으켜 자신에 대한 믿음을 바꿀 것이다.

내면 점검 과정에 들어설 용기를 내는 것만으로 충분하다. 그렇게 하면 점검 과정의 각 단계에서 당신을 참나로 이끌었던 행동들이 언제든 다시 당신을 참나로 안내하는 길잡이 역할을 할 것이다. 참나를 아주 조금 느끼는 것만으로도 내면 부분들이 평온함을 느끼면서 참나와 더 깊이 연결된다. 참나의 에너지가 한 알갱이만 있어도 얼마든지 커질 수 있으며, 점검 과정을 거듭할수록 참나가 더 많이 나타난다.

4장

억압된 감정에
말을 걸다

아침 8시 30분은 나에게 마법의 시간이다. 아들이 등교하고 나면 책상에 앉아 하루를 준비한다. 이 시간에 나는 글을 쓰거나 좋아하는 창작 활동을 한다. 그런데 안타깝게도 이 창의적인 시간은 이메일 확인이나 휴대폰 알림 소리에 곧잘 방해를 받는다. 할 일 목록으로 가득한 소용돌이에 빨려들면 창의적인 흐름과 단절되기 일쑤다.

어느 날 이 흐름이 방해를 받자 내 안의 무언가가 자극을 받았다. 책상에 앉는 순간, 휴대폰에 뜬 업무 이메일 알림이 순식간에 시선을 낚아채면서 집중이 흐트러졌다. 유난히 불편했던 이 이메일은 제대로 처리하지 못한 직장 상황을 지적하며 내게 짜증을 불러일으켰다. 이에 내 안의 통제자 부분이 모습을 드러내며 상황에 대한 통제권을 되찾겠다는 결심으로 연달아 반응을 쏟아 냈다. "모두 정신 차려. 제대로 해내야 해!" 나는 속으로 그리고 소리 내어 이 말을 되뇌며 분노와 좌절감에 사로잡혔다. 곧이어 또 다른 부분이 모습을 드러냈다. 비판자였다. 그는 자제력을 잃은 나를 질책하기 시작했다. "열 살짜리 아이처럼 사업을 운영할 순 없잖아"라고 다그쳤다. 내면의 갈등은 통제 부분과 자기 비난이라는 재판관 사이를 오가며 계속되었다. 그러는 동안 나는 내면의 갈등에 압도당하고 잠식되는 느낌을 계속 느꼈다.

몇 분간 통제와 판단을 오가며 씨름하던 끝에, 나는 마침내 내면 부분들을 들여다보고 점검하기로 했다. 그렇게 할 수 있을 만큼의 자각이 생겼다. 내면으로 주의를 향하며 신체 감각을 알아차렸다. 꽉 다문 턱, 얼굴의 긴장감, 꼬인 듯한 위장 등 표면적인 증상 아래에 존재하는 에너지의 흐름을 느꼈다. 그것은 분노와 슬픔이 뒤섞인 감정이었다. 나는 그 부분들을 더 깊이 들여다보면서 이렇게 물었다.

"몇 살이니?"

"난 아직 어려. 게다가 지금 완전히 겁에 질렸어. 아무도 날 도와주지 않아. 모든 걸 혼자 해내야 해."

내 안의 부분이 드러내는 두려움과 슬픔, 그리고 통제 아래 묻혀 있던 고통이 고스란히 전해졌다.

"지금 네가 안전하다고 느끼려면 어떻게 해 주면 될까?"

"그냥 내 말을 들어주면 돼."

내 안의 그 부분은 분명한 메시지를 보내고 있었다. 그녀는 자신이 목소리를 내고 그것을 들어줄 공간을 원했다. 나는 노트를 펼친 뒤 그녀가 마음껏 글을 쓰게 했다. 내 경험으로 볼 때, 내면 부분들은 자유롭게 글을 쓸 때 안전하다고 느끼며 자신에 대해 더 많은 것을 드러낸다. 펜을 종이에 끄적이자 부드러운 내면의 목소리가 속삭였다.

"마음껏 털어놓아도 괜찮아."

마음껏 쓸 수 있는 허락을 받자 내면 부분은 정말로 그렇게 했다. 자신의 모든 걱정과 분노, 화와 좌절감, 두려움을 종이에 쏟아 냈다. 그녀가 계속 글을 쓸수록 내 몸은 이완되고 숨은 부드러워졌으며 긴장했던 턱이 풀리는 걸 느꼈다. 평온함이 나를 감쌌다. 이렇게 평온한 상태에서 참나의 존재가 나타났다. 아름다운 연민의 언어가 종이 위에 흘러나왔다. 그렇게 참나가 나를 돕기 위해 나타났다.

내 안의 통제자 부분이 노트에 이렇게 적었다. "내려놓는 게 겁이 나. 누군가를 믿는다는 게 무서워." 나는 이렇게 대답했다. "이제 너를 보았고 네 목소리를 들었어." 그러자 참나의 에너지가 내 안으로 흘러들었다. 나는 깊이 숨을 들이쉬며 참나가 보내는 메시지를 받아들였다. 참나는 내 안의 자극받은 부분들에게 안전하다는 믿음을, 이제 내려놓아도 좋다는 믿음을 주었다.

내면의 말에 귀 기울이기

나는 개인적인 성장과 회복의 단계에서 내면의 추방된 부분에 대해, 그리고 보호자 부분이 추방된 부분을 보호하기 위해 그토록 애쓰는 이유에 대해 많은 것을 알게 되었다. 내 안의 통제자 부분은 자신이 혼자이며 모든 것을 스스로 해결해야 한다는 버거운 신념을 지니고 있었다. 그녀가 왜 그토록 통제권을 쥐고 싶어 하는지, 통제권을 내려놓는 걸 왜 그토록 불안해하는지를 이제 안다.

나는 잠시 멈춰 그들이 필요한 것을 자유롭게 말하게 했다. 그렇게 함으로써 인정받고 이해받는 느낌을 갖도록 했다. 참나가 드러나는 길을 열어젖히며 나는 이 여정이 혼자만의 여정이 아니라는 걸 다시금 떠올렸다.

내면 부분들과 자유롭게 글을 쓰면, 그들이 경계를 풀어 참나의 에너지가 드러날 공간이 마련된다. 글쓰기는 참나가 언제나 나의 내면에 존재하며 언제든 빛을 낼 수 있다는 믿음을 확고히 한다. 이런 믿음이 있을 때 나는 직장에서 더 편안한 마음으로 업무를 수행할 수 있다. 통제보다 연결에 중점을 두고 회사를 이끌수 있다. 참나를 초대함으로써 나는 손에 쥔 것을 내려놓아도 괜찮고, 통제 불가능한 어려운 상황에 맞닥뜨리더라도 안전하다는 믿음을 가질 수 있는 자신감이 생겼다.

내 안의 보호자 부분에게 글을 쓸 공간을 마련해 주자 그녀는 부드러워졌다. 글쓰기는 억눌린 감정을 자유롭게 표현하는 편안하고 안전한 방법이다. 종이 위에 감정을 쏟아 내는 감정 해소법은 보호자 부분에게 안도감을 주었다. 내 안에 담아 두려 무던히 애쓰던 것들을 밖으로 내보낼 수 있었고, 직원들에게 분노를 투사하는 대신 건강한 방식으로 감정을 표현할 수 있었다.

글쓰기는 수치스러운 부분들, 입 밖에 내면 후회할 말, 지금껏 한 번도 드러낸 적 없는 추방된 두려움 등 나의 모든 것을 자유롭게 내어놓고 말하게 한다. 또한 글쓰기는 내면 부분들이 앞으로 나올 수 있는 안전한 공간을 제공하며, 그들의 필요를 인정하고 존중하는 창의적인 방법이다. 예컨대 보호자 부분에 관한 글을 쓰면 그 부분이 숨을 쉬며 차분하게 진정되는 공간이 만들어진다. 그렇게 차분하고 맑은 상태에서 우리는 참나의 에너지에 더 쉽게 다가갈 수 있다.

돌아보면 지금까지 짧지 않은 시간 동안 기록해 온 수백 권의 일기장은 나의 존재를 드러내고 목소리를 내려는 시도였다. 당시엔 참나가 내면의 모든 부분을 보고 있음을 알지 못했다. 일기장에서 나는 종이 위에 드러난 나의 모든 부분과 다시 마주했다. 내 안에는 남자친구와 헤어져 혼자가 되는 두려움에 관해 열심히 글을 쓰는, 그리고 안전함을 느끼려고 최근의 남자친구에게 집착하는 공의존 부분이 있었다. 또 성취자 부분도 있었는데, 그녀는 내가 이루고 성취하고 싶은 것들을 수십 페이지에 걸쳐 적었다. 코카인 중독자 부분은 약물에서 벗어나기까지 공포에 떨었던 경험으로 수많은 페이지를 채웠다. 산더미 같은 나의 일기장에는 보호자 부분이 겪은 고통과 이야기, 극도의 두려움이 고스란히 담겨 있었다. 이제야 나는 내면의 보호자 부분들이 일기장에 글을 적음으로써 끊임없는 소음과 부담에서 벗어나 잠시나마 마음을 편히 쉬려고 했음을 깨닫는다.

내 일기장을 들여다보면 또 하나의 흥미로운 패턴이 보인다. 매번 글이 마무리될 즈음 조금의 연민과 창조성이 스며들곤 하는 것이다. 내면의 비판이라는 안개 속에서도 언제나 희미한 빛이 반짝였다. 대개는 공격과 두려움, 판단과 분노의 언어에서 시작해 그와는 다른 목소리, 즉 사랑의 언어로 바뀐다. "사랑을 받아들이자." 나는 계속 그렇게 적었다. 사랑을 받아들이라는 메시지는 여전히 내 일기장에 새겨진다. 이 메시지는 내가 찾는 답을 밝혀 준다. 사랑을 받아들일 때 참나와 다시 연결되기 때문이다.

이제 당신도 내면의 모든 것을 내보내면서 사랑을 받아들일 때가 되었다. 지금이야말로 두려움이 아닌 사랑의 렌즈로 당신과 당신의 패턴, 당신의 과거와 현재를 다시 만들 기회다. 영적인 관점에서 볼 때 두려움에서 사랑으로 인식을 전환하는 건 기적 같은 일이다. 내면가족체계의 관점에서 보면 내면의 보호자 부분이 편안해질 때 참나의 에너지가 확장된다. 보호자 부분이 사라질 때 그 자리에 남는 건 사랑뿐이다.

이 순간의 기적 같은 변화가 참나에 쌓여 갈 때 삶 전체가 변화한다. 이때 우리는 자신의 모든 내면 부분과 깊은 내적 연결을 맺는다. 그들에 대한 집착을 내려놓고 우리 내면에 존재하는 사랑을 자각할 수 있다. 참나가 선사하는 이런 순간들이 쌓일수록 참나를 더 많이 더 자주 더 쉽게 경험할 수 있다. 그러면 우리는 평온한 에너지, 내면의 확장, 열린 마음으로 삶의 모든 순간을 진정으로 소중히 여길 수 있다.

그들이 바라는 건 알아봐 주는 것

나는 참나가 지닌 사랑의 에너지가 커다란 치유력을 지녔음을 가슴으로 느낀다(지붕에 올라가 소리치고 싶을 정도다). 그러나 내면의 숨겨진 부분에 초점을 맞추는 게 매우 두려울 수 있다는 점도 존중한다. 그 두려움이 너무도 끔찍한 나머지 우리는 자신을 보호할 수 있다면 무슨 일이든 한다. 형이상학적 텍스트인 『기적 수업(A Course in Miracles)』에서는 이렇게 말한다. "우리에게 공포를 일으키는 건 오직 숨겨진 것이다. 우리는 숨겨진 그것의 정체 때문에 두려워하는 게 아니라 그것이 숨겨져 있다는 사실 때문에 두려움을 느낀다." 숨겨진 건 치유할 수 없다. 과거의 그림자에 빛을 비출 때 치유가 시작된다.

우리는 끊임없는 불균형과 두려움, 그리고 내면의 숨겨진 것과 직면할지 모른다는 무의식적인 (혹은 의식적인) 공포 속에 살아간다. 우리는 내면의 감정을 외부에 투사하도록 훈련받아 왔으며 외부의 조건으로 내면의 혼란을 달래려 한다. 그러나 이런 식으로 사는 건 어렵고 혼란스러우며 극단적이다. 반면, 사랑을 받아들이면 부드럽고 온화한 삶의 방식이 존재함을 믿을 수 있다.

자기 안에 숨겨진 것에 대한 호기심은 저절로 일어나지 않는다. 예를 들어, 최근 내가 멘토링을 한 어느 젊은 여성과의 만남을 살펴보자. 우리는 동네 커피숍에서 잠깐 만나 이야기를 나누기로 했다. 그녀는 자리에 앉자마자 마음을 털어놓으며 직장에서 겪는 지속적인 어려움을 토로했다. 그녀는 자신의 일을 즐기지만 완벽에 미치지 못할 때마다 불안감과 싸우고 있다고 고백했다. 그녀는 절망적인 어조로 "가끔은 다른 직장을 구해야 할지 아니면 아예 직업을 완전히 바꿔야 할지 고민돼요"라고 말했다.

나는 솔직한 충고를 건넸다. "어디를 가든 자신의 모습을 그대로 가지고 간다는 걸 기억하세요." 이어서 나는 그녀가 찾고 있는 답이 외면의 변화가 아니라 내면의 성찰에서 나올 수 있다고 제안했다. 그러자 그녀는 몸을 긴장시키며 시선을 피했다. 내면으로 돌아가라는 제안은 그녀가 바라던 답이 아니었다. 그녀는 명확하고 실용적인 조언이나 새 직장을 얻는 법을 제시하지 않은 나에게 실망한 것 같았다. 그녀는 즉각적인 해결책을 찾고 있었다.

대부분의 사람은 빠른 해결책, 즉 자기 내면의 문제에 관해 외부의 해결책을 구한다. 내면에서 답을 찾는 과정이 혼란스럽고 두렵기 때문이다. 내면으로 향하는 일이 왜 그토록 두려운 걸까?

우리는 어린 시절부터 특정한 믿음과 감각, 감정과 정서로부터 자신을 보호하며 살아왔다. 그것이 주는 고통과 마주하기가 버거운 나머지 우리는 그 감정을 차단해 버렸다. 하지만 진실은 우리가 실제로 그것의 고통을 매일 느끼고 있다는 것이다. 우리 안에는 한때 추방당한 어릴 적 감정과 그 감정을 숨기려 끊임없이 노력하는 수많은 보호자 부분이 존재한다. 추방된(숨겨진) 부분은 언제라도 활성화되고 촉발될 수 있다. 아주 사소한 일로도 추방자는 자극을 받는다. 추방자가 활성화되면 보호자가 나서서 그들을 다시 으슥한 곳에 가둔다. 보호자는 추방자가 느끼는 무력감, 트라우마, 두려움, 불안 등 끔찍한 감정을 숨기기 위해서라면 무슨 일이든 한다. 따라서 내면으로 주의를 향한다는 생각만으로도 우리의 내면 아이 부분은 공포에 질려 더 극단적인 보호자 역할에 몰두할 수 있다.

보호자 부분이 느끼는 두려움에 빛을 비추면 그들은 그 두려움을 어두운 곳에 계속해서 가두려고 애를 쓸 것이다. 보호자는 경계를 늦추는 걸 좋아하지 않는다. 그들의 임무는 우리의 느낌을 관리하면서 과거의 고통스러운 기억과 감각, 생각을 차단하는 것이다. 누군가 자신을 알아보는 걸 두려워하는 보호자는 추방자를 숨기기 위해 무슨 일이든 한다. 그들은 자신의 극단적인 역할에 더욱 몰입한다.

그러나 보호자가 진정 필요로 하는 건 자신을 알아봐 주는 것이다. 우리 안의 그 어린 부분은 연민과 연결감, 자신을 지지해 줄 평온한 현존감을 필요로 한다. 하지만 아주 조금의 관심을 보이는 것조차 그들에겐 두려운 일일 수 있다. 그래서 내면을 깊이 들여다보기보다 즉각적이고 외부적인 해결책을 찾는 게 훨씬 매력적이라고 느낀다.

분명한 건 내면의 고통에 대한 외부의 해결책은 결코 효과가 없다는 사실이다. 감정적으로 멀어진 남자친구와의 관계를 끝내고 다른 남자를 찾지만 결국 비슷한 유형의 파트너를 만나고 만다. 혹은 나의 멘티처럼, 스트레스 때문에 다니던 직장을 그만둔 뒤 같은 유형의 업무 환경에 다시 빠지는 경우도 있다. 외부 조건을 바꾸는 것만으로는 내면의 경험에 지속적인 변화가 일어나지 않는다. 해결책은 우리 내면에 있다.

내면의 보호자 부분을 알아 가는 단계를 밟으면서 그것에 대해 두려움과 걱정이 있는지 잠시 스스로에게 물어보라. 내면 부분들을 알아 가는 데 저항감이나 두려움을 느끼는가? 내면으로 향하는 일이 두려운가? 우선 무엇을 느끼는지 단순히 관찰한다. 자신의 반응에 판단을 내리지 않는다. 내면 부분들을 자세히 들여다보는 일이 불안하다면, 연습을 건너뛰고 눈으로만 과정을 읽으며 따라가도 좋다. 책 전체에 걸쳐 나는 당신이 내면 부분들을 '반드시' 확인해야 하는 건 아니라는 점을 강조할 것이다.

그저 마음을 열고 할 수 있는 최선을 다하면 된다. 나머지는 참나가 알아서 할 것이다. 이 여정 전체와 당신의 삶에서 참나가 언제나 함께한다는 사실을 믿어라. 이 장을 읽는 동안에도 당신은 참나의 특성이 드러나는 걸 느낄 수 있다. 내면 점검 과정에 대한 호기심이 커지거나 자신에 대한 깊은 연민을 느낄 수도 있다. 자신에게 적합한 방식으로 편안하게 따라오면 된다. 이 과정을 계속해도 안전하다고 느껴진다면 내면 부분들에 대해 더 알아 가는 다음 단계로 나아가 보자.

내면의 보호자 안심시키기

당신 내면의 어떤 부분이 이 작업에 저항할 수 있다. 그래서 나는 노트나 일기장에 자유롭게 글을 쓰면서 그것과 연결되는 안전하고 지지적인 방법을 공유하고자 한다. 청소년기부터 지금까지 써 온 수많은 일기장을 떠올려 보건대, 나도 모르는 사이에 나는 극단적인 생각과 감정을 종이 위에 쏟아 내는 방식으로 일기장에 의지하곤 했다. 내면 부분들이 고요해지도록 안전한 공간을 만드는 나름의 방법이었다. 인간관계가 버거울 때마다, 친구 때문에 감정이 폭발할 때마다, 약물에 손을 댈 때마다, 나는 모든 것을 일기장에 쏟아 냈다. 일기장에 적은 기록 하나하나는 평온함을 선사하며 본래 내 모습이 튼튼히 자리 잡게 했다. 일기를 쓰고 나면 몸이 편안하고 마음이 가벼워졌다. 돌아보면 일기 쓰기는 나 자신으로 돌아가는 다리와 다름없었다.

내면 부분들을 자유롭게 놓아줄 때 거기에 참나의 평온한 감각이 들어선다. 신경계 전체가 평화로워진다. 마음이 차분해지면서 에너지가 참나와 조화를 이룬다. 만약 당신이 일기를 써 본 적이 있다면 그 과정에서 편안함을 느꼈을 것이다. 오랜 기간 일기를 써 왔다면 당신이 가진 자원이 더 풍부해지고 명확해지는 느낌을 받았을 것이다. 내면에 담아 둔 것을 바깥으로 내보내면서 당신은 자연스러운 해결책이 나타나는 공간을 마련한다. 글을 쓴다는 건 내면 부분들이 자유롭게 진실을 말하도록 허가장을 주는 것과 같다. 그렇게 진실을 말하게 함으로써 그들을 내면에 가둬 두지 않고 종이 위에서 직접 마주할 수 있다.

내면 부분들에게 자유롭게 말할 수 있는 안전한 공간을 마련해 주면, 그들이 버거워하는 많은 것들이 드러난다. 나는 이것을 매일 밤 여섯 살 난 아들과 나누는 대화에 비유한다. 매일 밤 올리버가 잠들기 전, 나는 침대에서 아들을 꼭 안아 준다. 편안하게 잠들 때쯤 아들은 하루 종일 쌓아 두었던 격한 느낌과 감정을 쏟아낸다. 반에서 자기에게 못되게 군 남자아이 이야기나 저녁 식사때의 불만을 털어놓는다. 안전하고 평온한 이 순간은 아들이 마음속으로 감당했던 모든 것을 내보내는 시간이다.

나는 아들의 감정을 무시하거나 막지 않는다. 그저 공간을 열어 주고 귀 기울이며, 내가 말을 듣고 있다고 안심시킨다. 아들에게 자신의 감정을 말할 수 있는 안전한 공간을 선물하는 것은 아들의 내면이 인정받는다고 느끼게 하는 중요한 방법이다. 그 순간 아들은 인정과 지지가 필요하다. 나의 참나 에너지 앞에서 아들이 진실을 말할 때 그가 얼마나 열린 마음을 보이는지 지켜보는건 무척 감동적이다.

우리 중 많은 사람이 어린 시절 자신의 감정을 드러내 말하기에 충분히 안전하다고 느끼지 못했다. 말하더라도 "괜찮아", "그만 잊어버려" 같은 말로 묵살당하기 일쑤였다. 어린 시절의 감정과 경험을 충분히 처리하고 인정받을 공간이 없었던 우리는 이를 관리하려고 수많은 내면의 보호자 부분을 만들어 냈다. 이런 과거의 경험 때문에 내면 부분들은 참나를 신뢰하지 않도록 조건화되었다. 그들은 극단적인 통제가 유일한 안전책인 듯 세상과 맞서는 방법을 키웠다. 따라서 그들에게 경계를 풀고 자신을 표현하라고 하는 건 버거운 일이거나 아예 불가능한 일처럼 느껴질 수 있다. 그러니 이 과정을 천천히 진행하길 바란다. 호기심을 지속하라. 내면 부분들에 관한 글쓰기는 그들을 보아 주고 그들의 목소리를 들어주는 공간을 만드는 일이며, 억눌린 감정을 풀어내도록 허용하는 것이다. 이 과정을 통해 내면 부분들은 참나가 드러날 때 그들에게 필요한 지지를 받을 수 있으며, 자유롭게 감정을 표현할 기회를 가질 수 있다.

드러남과 연결을 위한 공간

당신이 글을 써 본 적이 있든 없든, 나는 당신의 보호자 부분을 위한 공간을 마련하고 그것과 연결되기 위해 노트를 펼치도록 안내하고자 한다. 글쓰기를 통해 내면의 보호자 부분이 자기 안에 담아 두었던 것을 안전하게 풀어내는 공간이 마련될 것이다. 일정 기간 글을 쓴 후에 내면이 넓어진 느낌을 받거나 참나의 특성이 드러남을 발견할 수 있다. 물론 그렇지 않을 수도 있다. 보호자 부분은 아주 오랜 시간 당신 안에 존재해 왔으며, 당신의 느낌과 감정을 통제하기 위해서라면 무슨 일이든 해 왔다. 그래서 당장은 참나의 특성을 관찰하지 못할 수 있다. 결과야 어떻든 내면 점검 과정으로 변화가 일어날 것이다. 내면 부분에게 말할 수 있는 공간을 제공함으로써 당신은 그들이 말을 해도 '정말로' 안전하다는 메시지를 그들에게 보낼 수 있다.

글쓰기가 처음이라면, 내가 제시하는 주제에 대한 당신의 생각을 자유롭게 풀어낸다고 생각해도 좋다. 아무런 목표나 계획 없이 그저 마음속에 담아 두었던 걸 풀어내면 된다. 편집하지 않고 자유롭게 글을 쓰다 보면 내면 부분들이 드러날 공간이 생긴다. 글쓰기의 목적은 내면의 한 부분 또는 여러 부분이 안전하게 앞으로 나와 진실을 말하고 안에 갇혀 있던 것을 풀어내도록 하는 것이다. 글을 쓰고 나면 안도감을 느낄 것이다. 그것은 당신이 아주 조금이라도 내면 부분이 드러나도록 허용하고 참나가 나타날 공간을 마련했다는 좋은 신호다.

나는 글쓰기 연습에서 지금 이 순간 가장 강하게 느껴지는 감정과 상태를 확인하고 그에 대해 호기심을 갖도록 안내할 것이다. 자신의 내면 부분과 어느 정도 연결되었다고 생각되면, 이제 드러내야 할 것을 마음껏 표현하도록 5분 동안 (혹은 그 이상) 자유롭게 글을 쓴다. 글을 쓰는 게 어색하거나 부담스럽게 느껴진다면 그냥 자신의 감정에 관한 글을 적어 보는 연습으로 생각해도 좋다. 이 연습을 단순히 자신의 감정과 기분, 감각에 대해 글을 쓰는 시간으로 생각해도 안도감을 느낄 것이다. 노트에 적는 어떤 형식의 자유로운 글쓰기도 내면에 갇혀 있는 비판적인 목소리를 풀어내는 데 도움이 된다.

이 연습의 또 다른 기능은 참나와 당신의 내면 부분들이 서로 연결되도록 하는 것이다. 자유로운 글쓰기 연습은 당신이 내려놓고, 내맡기며, 편안함을 갖도록 돕기 위해 고안되었다. 저항이 사라지면 참나가 드러난다. 감정과 생각을 안전하고 절제된 방식으로 종이 위에 쏟아 낼 때 참나의 에너지가 자연스럽게 흘러나오는 걸 느낄 것이다. 어쩌면 지금 당장은 아니더라도 이후에 더 평온해지거나 자신의 감정을 더 분명히 알게 될 수도 있다. 지금으로서는 결과에 대한 압박감이나 기대를 가질 필요가 조금도 없다. 그저 안내를 따르며 무엇이 앞에 드러나는지 지켜보면 된다. 내면 부분들에 현존하면서 그들이 필요로 하는 걸 보여 주도록 허용하기만 하면 된다.

감정을 해소하는 글쓰기 연습

방해받지 않고 연습할 시간을 15분 정도 마련한다. 필요하면 더 오래 할 수 있도록 유연하게 시간을 조정한다. 종이와 펜을 꺼내 시작한다.

이 연습의 목적은 당신 안에 쌓아 둔 생각과 감정을 풀어내는 것이다. 시작하기 전에 내면의 특정 부분에 관한 글을 쓰는 데 불안감과 염려가 없는지 잠시 확인해 본다. 이것은 지금 당신 안에서 일어나는 어떤 일이든 표현할 수 있는 기회다. 아직 내면에 존재하는 여러 부분의 관점에서 글을 쓸 준비가 되지 않았다면, 단순히 지금 느껴지는 감정을 적어도 좋다. 이 과정을 탐구의 여정이라 생각하면서 다음 시간표를 준수하도록 한다.

- 15분을 할애한다.
- 2~5분 동안 글쓰기 안내를 따라간다.
- 다음 5~7분 동안 자유롭게 글을 쓴다.
- 마지막 5분은 정리하는 시간으로 남겨 둔다.

테이블, 소파 또는 바닥에 편안하게 앉는다. 몸이 안정되었는지 확인한다. 나는 포근한 담요를 덮고 소파에 앉아서 이 연습을 하길 좋아한다. 위 안내문을 노트에 적은 뒤 따라 해도 좋다.

모든 부분 초대하기

딕 슈워츠는 종종 이렇게 말한다. "우리 내면의 모든 부분을 환영합니다." 연민과 포용의 에너지로 가득 찬 그의 말은 우리 안의 각 부분이 자유롭게 드러나도록 해 준다. 딕이 창안한 실천법에서 영감을 받은 이 연습을 통해 당신은 내면의 관리자 부분에 초점을 맞출 수 있다. 그들이 드러날 수 있는 허가장을 줌으로써 그들을 더 깊이 이해하고, 그들이 왜 그토록 열심히 보호자 역할을 고수해 왔는지 정보와 통찰을 얻을 수 있다.

글쓰기 연습을 시작하기 전에 노트와 펜을 준비한다.

1. 내면에 주의를 집중하면서 속으로 또는 소리 내어 자신에게 이렇게 말한다. "지금 너를 바꾸려고 하는 게 아니야. 단지 너에 대해 알고 싶을 뿐이야."

2. 이제 다음 문장을 소리 내어 말하거나 마음속으로 되뇌어 본다. "이 연습이 너무 버겁다면 잠시 쉬어도 좋아. 나중에 다시 해도 돼."

3. 이제 글쓰기를 통해 내면 부분들이 앞으로 나오도록 초대한다. "내 안의 모든 관리자 부분이 나와 함께

글을 쓰는 걸 환영해. 드러내도 안전하다고 생각되는 무엇이든 내게 알려 주렴."

4. 이제 이렇게 질문한다. "넌 내가 무엇을 알았으면 좋겠니?" 그런 다음 노트를 펼치고 내면 부분들에 관해 자유롭게 글을 쓴다. 쓰는 동안 모든 부분이 앞으로 나오게 한다. 당신이 느끼고 생각하며 경험하는 모든 생각과 감정, 감각을 적는다.

잠시 돌아보기

충분히 적었다면 이제 종이 위에 드러난 내용을 돌아보는 시간을 갖는다. 자신이 쓴 내용을 주의 깊게 읽으며 종이 위에 나타난 내면 부분들을 부드럽게 지켜본다. 눈에 띄는 말투 변화나 말 뒤에 담긴 에너지 변화를 살핀다. 주목할 만한 문장, 단어, 생각, 반복되는 주제를 찾아본다. 눈에 띄는 부분에는 밑줄을 긋거나 강조 표시를 한다.

도움이 되는 몇 가지 질문
- 글을 쓰는 과정에서 하나 이상의 내면 부분이 드러

났는가?

- 어떤 부분이 드러났는가? 괜찮다면 잠시 시간을 내 그 부분의 이름을 말해 본다. 비판적인 부분이나 불안한 부분을 발견했을 수도 있다(나는 각 부분에 이름 붙이길 좋아한다. 그들을 고유한 개체로 봄으로써 그들과 나의 경계를 분명히 할 수 있기 때문이다. 부분들을 '나' 자신이 아닌 '나의 일부'로 보는 것이다).
- 놀라운 점이 있었는가?
- 드러난 부분에 대해 어떤 감정이 들었는가?
- 그 부분은 당신을 어떻게 느꼈는가?
- 참나의 특성을 확인해 본다. 연민, 용기, 호기심 같은 단어나 감정을 느꼈는가? 아니면 평온함, 창조성, 확신 같은 느낌을 받았는가? 어느 순간 갑자기 드러난 새로운 깨달음에 놀랐는가? 연결감을 느꼈는가? 참나의 어떤 특성이 드러났는지 적어 본다. 특성을 하나도 느끼지 못했더라도 괜찮다. 참나의 에너지는 항상 당신 안에 존재하고 있다.

나의 경우, 글쓰기 연습에서 쓴 내용을 돌아보면 대개 이런 모습이다. 처음에는 분노, 좌절, 슬픔 등의 강렬한 감정과 생각, 감각으로 시작한다. 그러다 글쓰기에 몰입할수록 어조가 조금씩 바뀐다.

공격적인 태도에서 열린 마음과 호기심의 태도로 변하는 것이다. 호기심에서 비롯한 질문을 던지면 놀랍게도 억눌렸던 숨은 기억과 이야기, 생생한 이미지가 되살아난다. 이런 깨달음은 내게 놀라운 통찰로 다가온다.

연민으로 연결하는 단계로 이동하면 글을 쓰는 중에 자연스럽게 일어나는 안도감을 경험한다. 마음이 열리면서 내 앞의 종이에 있는 그대로의 나 자신을 내맡긴다. 편안함이 온몸을 감싸는 걸 실제로 느낄 수 있다. 심장이 확장되는 걸 신체적으로 느낀다. 이에 대한 반응으로 나는 더 깊이 숨을 쉬고 얼굴의 긴장이 풀리면서 이완된 상태가 된다.

당신도 나처럼 이 과정을 처음부터 순탄하게 밟을 수 있을까? 아마도 그렇지 않을 것이다. 그래도 괜찮다. 전혀 문제가 아니다. 글을 쓰는 동안 당신은 저항이나 방어적인 태도를 보이는, 서로 충돌하는 보호자 부분들과 만날 수 있다. 처음에는 그들과 연결되고 호기심을 갖는 일이 어려울 수 있다. 여기서 가장 중요한 목표는 종이 위에 무엇이 나타나든, 내면 부분이 스스로를 표현할 공간을 마련해 주는 것이다. 내면 점검 과정의 마지막에 종이 위에 적힌 내용이 분노와 좌절감, 보호자들이 내놓는 장황한 불평이라 해도 괜찮다. 어떤 것이든 제한하지 않고 허용한다. 있는 그대로 받아들인다. 내면 부분들에게 글을 쓸 자유를 많이 줄수록 참나가 더 수월하게 드러난다.

너그러움을 잃지 말자

노트에 쓴 글을 돌아보면 자신과 보호자 부분을 바라보는 새로운 시야가 생긴다. 나는 글쓰기를 통해 보호자 부분을 판단하기보다 연민으로 바라볼 수 있었다. 이처럼 보호자가 극단적으로 변하는 걸 방치하기보다 그 존재를 인정하고 존중할 공간을 마련함으로써 안정되도록 도울 수 있다. 보호자 부분이 안정되면 참나가 찾아오는 순간을 자연스럽게 경험할 수 있다.

보호자 부분이 참나와 연결될 때 그것은 새로운 관계를 시작하는 것과 같다. 신뢰를 쌓으려면 서로가 서로를 알아야 한다. 보호자는 무엇이든 잘 신뢰하지 못한다. 그들은 지금까지 늘 외로움을 느끼고 학대당하고 공격받고 무시당하며 살아왔다. 정작 그들을 돌봐야 할 당사자는 그들을 부담스러운 존재로 여겼다. 그런 그들이 내면의 용기와 연민의 감각을 신뢰하는 건 처음에 꽤 어려울 수 있다. 그러니 내면의 보호자 부분을 알아보는 과정에 너그러움을 베풀자. 보호자가 갖고 있는 모든 감정과 필요를 글로 표현하게 허용하자. 그렇게 함으로써 참나가 들어서는 문을 열 수 있다. 모든 압박감을 내려놓길 바란다. 그저 마음을 활짝 열고 이과정에 참여하려는 의지를 내면 된다. 그렇게 당신은 모든 보호자 부분에게 도움을 구해도 괜찮다는 메시지를 전할 수 있다.

참나는 항상 당신 안에 존재하고 있다. 참나에게 필요한 건 그것을 경험하고 표현하는 자유뿐이다.

진솔함에는 시간이 필요하다

글쓰기 연습 뒤에도 참나의 에너지를 먼 존재로 느낄지 모른다. 내면의 한 부분에 집중하다 보면 다른 보호자 부분이 활성화되기도 한다. 보호자가 경계를 풀기까지는 시간이 걸릴 수 있다. 그들은 평생토록 노력해 왔다. 만약 그들에게 얼마나 오래 존재해 왔는지 묻는다면 "시작도 끝도 없어"라고 답할 것이다. 보호자를 당신의 습관적 행동 패턴이라 생각해 보라. 습관을 바꾸고 패턴을 조정하는 건 하루아침에 이루어지지 않는다. 다행인 건 우리는 지금 내면 부분을 바꾸려는 게 아니라 그들을 도우려 한다는 점이다. 호기심을 가지고 살필 때마다 당신은 그들을 더 잘 알게 되고, 동시에 참나와 더 깊이 연결될 수 있다.

　이 장에 소개한 방법은 실천하기가 쉽지 않다. 보호자 부분이 목소리를 내는 데는 용기가 필요하다. 그러나 연습을 실천하는 것은 물론 끝까지 읽은 것만으로도 스스로를 자랑스럽게 생각해도 좋다. 계속 읽어 가려는 호기심과 의지는 참나가 당신을 이끌고 있다는 확실한 증거다. 15분 정도 걸리는 이 연습을 자주 실행하면 내면 부분에 대한 자각이 커지면서 자신을 경험하는 방식에도 변화가 생긴다. 각 부분에 관한 글쓰기를 할 때마다 당신은 그들에게 '안전하다'라는 메시지를 전하고 있다. 이 연습으로 그 부분들을 본연의 모습, 즉 순수한 아이의 모습으로 바라볼 수 있다. 새로 발견한 이런 자아 인식은 일시적일 수 있지만, 내면 부분과 연결을 거듭할수록 그것이 당신을 구성하는 일부일 뿐 당신을 규정하는 정체성이 아님을 알게 될 것이다. 그들을 '나쁜 성격 특성'으로 낙인찍기보다 보호 메커니즘으로 인식할 때 내면의 변화가 일어난다. 이로써 연민이 스며들 공간이 열린다.

당신 안의 부분들은 어리고 순수하다는 사실을 기억해야 한다. 그들이 스스로를 표현하도록 격려함으로써 진실을 드러내고 필요한 것을 자유롭게 말하게 할 수 있다. 아이들에게 말할 기회를 주면 진정으로 필요한 것을 드러낸다는 사실을 내 아들은 매일 나에게 일깨워 준다. 이 장을 쓴 날 아침에 나는 아들 올리버를 캠프에 보낼 준비를 하고 있었다. 그러던 중 속옷을 입히는 문제로 20분 동안 실랑이를 벌였다. 올리버는 속옷을 입기 싫다며 계속 징징거리고 투덜댔다. 처음에는 여섯 살 아이가 으레 보이는 반항이라 생각하며 속옷을 입어야 한다는 내 뜻을 굽히지 않았다. 그러다 결국엔 내 방식이 효과가 없음을 깨닫고 아들에게 관심을 보이며 감정을 나눌 공간을 주기로 했다.

나는 아들에게 공감하며 이렇게 물었다. "속옷 때문에 정말 짜증이 나나 보구나. 엄마가 어떻게 도와줄까? 네 속옷에 대해 엄

셀프 헬프

마가 뭘 알아야 할까?" 놀랍게도 아들은 망설임 없이 대답했다. "가려워요, 엄마." 마음이 녹아내렸다. 그 순간 나는 20분 동안이나 아이가 저항하는 진짜 이유를 몰라봤다는 걸 알았다. 아들은 엄마의 감정 뚜껑을 열려고 한 게 아니라 자신에게 필요한 걸 말하기 부끄러웠던 것뿐이다. 관심으로 가득한 참나의 에너지를 전하자 아들은 저항 없이 자유롭게 자신의 필요를 드러냈다.

우리의 내면 부분들도 아이와 마찬가지로 그저 자신의 존재를 인정받고 이해받기를 원한다. 관심 가득한 참나의 에너지와 연결해 그들의 목소리에 귀 기울이는 게 우리가 해야 할 일이다. 내면의 한 부분에게 자유롭게 글을 쓰도록 할 때, 우리는 그들이 자신을 표현하고 진정으로 필요한 것을 드러낼 수 있는 공간을 만들어 준다. 글쓰기는 당신의 내면 부분들을 알아 가고, 그들이 진정한 필요를 자유롭게 전달할 수 있도록 문을 열어 주는 손쉽고도 강력한 도구다.

아이들과 마찬가지로 당신의 내면 부분들에게도 저항이 아니라 지지가 필요하다. 나쁜 아이는 없다. 단지 낙담한 아이만 있을 뿐이다. 관리자 부분이 수치심을 느끼게 하거나 그것을 비난하기보다 염려를 표현하도록 격려해야 한다. 딕 슈워츠가 말하듯 "우리 안에 나쁜 부분은 없다"라는 사실을 명심하라. 내면 부분들이 진실을 말하도록 허용할 때 우리의 마음이 열리면서 평온하고 자비로운 참나의 존재가 모습을 드러낸다.

연민으로 받아들이기

이 장에서 드러난 내면 부분들과 잠시 함께 앉아 본다. 글쓰기 연습 후 되새긴 생각들을 다시 살펴본다. 당신 앞에 드러난 내면의 한 부분에 주목하면서 마음이 끌리면 그 부분이 어떻게 하고 있는지 점검한다. 그 부분은 당신 앞에 모습을 드러낼 만큼 용기 있고 헌신적이었다. 이제 그 부분에 관심과 사랑을 기울여 보자. 다시 노트를 꺼내 당신이 적은 내용을 잠시 확인한다.

종이 윗부분에 조금 전 연습에서 모습을 드러낸 내면 부분의 이름을 적는다. 이제 그 부분을 점검하겠다고 선택한다. 준비가 되었다면 그것에 호기심을 가져 본다. 그 부분이 지금 당신과 무엇을 나누고 싶어 하는지 물어본다. 지금 그 부분은 어떤 감정, 감각, 이야기, 믿음을 드러내고 싶어 하는가? 이 순간 어떤 기분을 느끼는가? 당신이 보내는 관심을 좋아하는가? 아니면 당신이 곁에 있다는 사실조차 모르는가? 몇 분간 글을 쓰면서 그 부분이 지금 이 순간 느끼는 기분을 나누도록 한다. 더 많은 것을 드러내도록 허용한다.

그 부분과 연결되었다는 느낌이 드는지 살펴본다. 그 연결감을 바탕으로 연민을 담아 다시 주의를 집중하며 종이에 적어 본다. "네게 필요한 건 무엇이니? 내가 어떻게 도울 수 있을까?" 그 부분이 답하도록 한다. 그 부분의 요구를 받아들인다. 이어서 그 부분에 대해 어떤 느낌이 드는지 살펴본 다음, 참나의 특성을 확인한다. 평온함, 호기심, 용기, 연결감, 확신, 명료함, 창조성, 연민 가운데 어떤 특성이 느껴지는가? 어떤 특성이든 느껴진다면 그것에 숨을 불어넣으며 1분 정도 가만히 머물러 본다. 참나가 당신 안에서 확장되도록 허용한다. 참나를 받아들이고 사랑을 받아들인다.

5장

삶을 바꾸기로
선택하다

평소 다니던 네일샵에 들어선다. 카운터 여직원이 움찔한다. 네일 관리 직원들이 서로 눈짓을 주고받는다. 당혹스러움이 밀려온다. 사실 나는 이 네일샵에서 잘못된 이유로 '전설'이 되어 버렸다. 거의 매번 네일샵을 찾을 때마다 나는 매니큐어 색상을 고르는 간단한 작업에 지나친 공포감을 느낀다. 매니큐어 색상을 고르는 순간, 내면의 혼란과 불안이 극에 달해 모든 사람이 알아볼 정도다. 그러면 나중에 후회할 충동적인 선택을 하고 만다. 이 색상 선택의 드라마는 필연적으로 다음 날 네일을 다시 해야 하는 상황으로 이어진다. 이는 내게 끊임없이 스트레스와 당혹감, 불필요한 비용을 떠안긴다.

내가 매니큐어 색상을 고르는 걸 이토록 어려워하는 이유는 무엇일까? 이런 일은 지구상에서 가장 사치스러운 고민이 아닌가? 그렇다. 하지만 나에게는 매니큐어 색상을 고르는 일이 추방당한 어린 시절의 나를 자극하는 주요 요인으로 작용한다. 추방당한 어린 시절의 나는 매일 아침 완벽하게 땋은 머리를 고집하며 울어 대는 다섯 살짜리 아이다. "안 돼, 튀어나온 부분이 없어야 해!" 아이가 소리친다. 아이는 부엌에서 발을 구르며 화를 내고 있다. 자신이 통제할 수 있다고 느끼는 유일한 대상(땋은 머리의 튀어나온 부분)을 없애려고 필사적으로 애쓰고 있다. 이 아이에 관해 일기장에 글을 쓰면서 마음이 열리고 깊은 연민을 느낀다. 아이가 뚜렷이 보인다. 아이의 고통을 이해한다. 아이는 자신에게 통제권이 조금도 없는 상황에서 통제력을 행사하려 애쓰고 있다. 이 순간 아이와 연결된 나는 완벽함에 대한 아이의 깊은 갈망을 느낄 수 있다. 통제력이 없어 두려운 세상에서 아이는 통제력을 유지하는 수단으로 완벽하게 땋은 머리에 대한 갈망을 일으킨다.

나는 내 안의 어린 소녀와 2주에 한 번씩 시간을 보낸다. 나는 아이와 뒤섞인 상태에서 네일샵에 들어선다. 처음엔 더없이 좋은 마음으로 들어서지만 나설 때는 언제나 실망과 원망, 당혹스러움을 안고 나선다. 남편은 네일 관리를 그만두라고 말한다. "이대로 계속 네일 관리를 받다가는 당신이 이상해질 것 같아. 그런데도 굳이 네일샵에 가는 이유가 뭐야?" 나는 남편의 충고를 무시한 채 계속 네일샵을 찾는다.

사실 매번 네일샵에 들어설 때마다 나는 선택권을 가지고 있다. 그것은 손톱 색상을 고르는 것보다 훨씬 중요한 문제이다. 상처를 자극하는 요인에 휩쓸려 감정을 폭발시키며 스스로에게 망신을 안기고 난장판을 벌일 것인가, 아니면 내면으로 향해 나의 상태를 살피고 호기심을 가질 것인가를 직접 선택할 수 있다는 뜻이기 때문이다. 그러나 이런 선택지가 있다는 걸 아는 것과 실제로 선택을 내리는 건 완전히 다른 문제다.

온갖 자기계발과 치료, 영적인 도구를 가지고도 아직까지 이 문제를 해결하지 못했다. 네일샵에 들어설 때마다 나는 거의 혼수상태에 빠진다. 참나에 대한 자각에서 멀어진 채로 감정에 휩쓸려 통제력을 잃는 함정에 빠지고 만다. 그러나 이 좌절감에 대해 스스로를 자책하거나 아무렇지 않은 척하지 않는다. 대신 이 순간을 참나가 성장하고 그것과 연결되는 신성한 과제로 받아들인다. 흥미로운 건 삶에서 가장 사소해 보이는 문제가 때로는 가장 깊은 상처를 드러낸다는 점이다. 사소한 것에 목숨 거는 행동은 또 다른 형태의 보호 기제다. 그러는 동안에는 정말 중요한 일에 집중하지 않아도 되기 때문이다. 그러나 우리에게 의지가 있다면, 사소한 일들에서 내면의 보호자 부분이 보내는 중요한 메시지를 발견할 수 있다. 바로 이 지점에서 우리가 가진 선택의 힘이 중요한 의미를 갖는다.

선택은 실천이다

최근 사소한 일이었음에도 화를 참지 못했던 순간을 떠올려 보라. 우리는 자극을 받더라도 자각의 힘으로 그 상황에서 일정한 거리를 두고 바라볼 수 있다. 충동적인 문자를 자제하거나, 잠시 멈춰 깊이 호흡하거나, 반응하려다가 입을 다물 수 있다. 그러나 우리는 자신에게 선택권이 있다는 사실을 너무도 자주 잊어버린다. 내면의 특정 부분에 과도하게 사로잡힌 나머지 감정을 폭발시키지 않고 내면으로 향할 선택권이 있다는 사실을 잊고 만다. 많은 경우 우리는 내면 부분과 그것이 보이는 자동반사적인 감정과 행동 사이를 오가며 산다. 추방자가 전류가 흐르는 전선이라면, 보호자는 전류가 새지 않도록 쉼 없이 노력하는 전기관리사다. 그러나 참나를 받아들이는 선택이 때로는 멀게 느껴질지라도 그것은 언제나 우리가 닿을 수 있는 곳에 있다.

선택은 사용하면 할수록 강해지는 근육과 같다. 술을 마시고 싶을 때, 배우자에게 화를 내려는 순간, 감정을 달래려고 폭식하고 싶을 때, 선택은 당신이 의지할 수 있는 닻이 된다. 선택은 내면의 추방자들이 당신을 압도할 때 다른 방향으로 당신을 안내한다. 의식적인 신택을 내릴 때마다 내면에는 평온하고 연결된 현존감이 쌓인다. 그것은 세상의 두려움을 초월하는, 참나가 지닌 현존의 감각이다.

수십 년간 나는 책과 강연, 팟캐스트를 통해 영적 원리를 사람들에게 전하고 있다. 전 세계의 사람들이 트라우마, 중독, 가정폭력 등 자신의 힘겨운 문제에 관한 질문을 보낸다. 라이브 강연에서 이런 상황이 벌어지면 남편은 내 곁에 앉아 불안해한다. 그 자리에서 다루기에 너무 극단적인 질문이 나올까 봐서다. 그럼에도 나는 청중이 던지는 질문 하나하나에 대해 질문자가 꼭 들어야 하는 메시지를 정확히 담아 전달한다. 남편 자크가 물었다.

"어떻게 그렇게 할 수 있어?"

"그들에게 다시 선택할 힘이 있다는 걸 일깨워 주는 것뿐이야. 자기 내면으로 향해 그것의 안내를 받겠다고 선택하면 어떤 문제라도 답을 얻을 수 있다고 말이지.”

돌아보면 내면가족체계에 대해 알기 전에도 나는 선택의 개념을 참나로 돌아가는 길잡이로 삼고 있었다. 이런 부드러운 깨달음은 우리의 선택이 심오한 치유의 촉매로 작용한다는 사실을 증명한다. 우리 모두의 내면에는 직관적인 안내자, 참나가 자리 잡고 있다. 그것은 우리를 도와 지금부터 우리가 해야 할 적절한 행동을 알려 주려고 준비하고 있다.

내면으로 향할 선택권이 있음을 기억할 때 당신은 참나를 받아들인다. 내면으로 향하겠다는 선택은 당신을 돕는 사랑의 존재가 당신 안에 있음을 깨닫게 한다. 선택을 내림으로써 당신은 보호자 부분에 대해 판단하지 않는 객관적인 관찰자가 된다. 내면 부분들을 억누르거나 무시하거나 수치스럽게 여기기보다 그들에게 관심을 갖고, 그들이 중요한 정보를 드러낼 수 있도록 공간을 마련한다.

보호자 부분을 관찰할 때 그들은 자신이 인정받고 존중받는다고 느낀다. 당신이 내면의 특정 부분을 살펴보기로 선택할 때마다 그것은 힘겨운 감정을 통과하는 당신을 돕기 위해 다가오는 배려심 깊은 부모와 같다. 내면으로 돌아가기로 한 당신의 선택은 참나의 존재를 활성화시켜 희망과 안전감, 삶에 분명한 방향성을 제시한다.

선택하는 순간 길이 열린다

분노와 안도감을 동시에 경험한 적이 있는가? 과거의 삶과 새로운 삶의 길 사이에 섰던 순간 말이다. 당신은 알코올 중독 치료 12단계 모임이나 알코올 중독 회복센터에서 좌절감과 커다란 해방감 사이를 오갔을지 모른다. 혹은 학대 관계를 끝내고 집을 나서던 날, 마침내 자유의 몸이 되었음에도 이제 혼자 살아가야 한다는 사실이 두려웠던 순간이 떠오를 수도 있다.

내가 알코올 중독 회복실로 걸어 들어가던 순간이 기억난다. 그것은 내 삶의 궤석을 완전히 바꿔 놓을 절박한 결정의 순간이었다. 나는 코카인과 알코올, 공의존, 일중독에 빠져 힘들어하고 있었다. 중독이 삶을 온통 집어삼켰다. 그러다 2005년 10월 2일, 나는 회복실로 걸어 들어가 치유의 여정을 시작하기로 선택했다. 분노와 안도감을 함께 경험한 날이었다.

그날 나는 온전히 이해할 수는 없지만 무언가를 간직한 모임에 의식적으로 들어갔다. 그곳에서는 낯설지만 깊은 울림을 주는 말들이 오갔다. 그 모임은 내가 이전에 한 번도 본 적 없는 방식으로 취약함과 유대감을 나누고 있었다. 모든 게 낯설었지만 나는 이곳이 '내 집'임을 알았다. 나는 내 사람들, 내 공동체를 찾았고 무엇보다 마침내 하나의 선택을 내렸다.

당신이 치유의 길을 걷기 시작한 날을 떠올려 보라. 그것이 어떤 모습이었든 그날을 떠올려 보라. 친구가 이 책을 권했다 해도 결국 책을 펼치는 선택은 당신의 몫이다. 그것은 깨어나겠다는 선택, 진실을 마주하겠다는 선택, 미지의 희망의 길에 나서겠다는 선택이다. 지금 당신의 내면 부분들이 아무리 극단적일지라도 이 책을 펼친 순간 당신은 선택을 내렸다. 스스로를 돕도록 허락하는 선택을 내린 것이다.

어떤 순간에도 우리에게 치유의 힘이 있음을 알고 받아들일 때 참나의 에너지가 흐르는 보이지 않는 문이 열린다. 이 선택을 받아들이고 신뢰하지 않는다면, 우리는 감정 촉발 요인과 보호자 부분의 자동반사적인 본성에 따르는 희생자라는 믿음에 갇힌 채 살 수밖에 없다. 자신의 방어기제를 계속 정당화하며 살아갈 것이다. 그러나 자신이 선택을 내릴 수 있다는 사실을 자각하면 지금과 다른 길이 존재한다는 내면의 깨달음을 얻는다. 어떤 순간에도 우리는 내면으로 돌아가기로 선택할 수 있다. 지금 이 순간 치유의 길이 존재한다는 사실, 그리고 그것은 나의 선택으로부터 시작한다는 사실을 받아들이기로 선택할 수 있다.

우리는 이 책을 펼치기로 선택한다. 치료를 받기로 선택하고 정신과적 도움, 명상, 전체론적 치료법을 선택한다. 자신의 내면으로 향하기로 선택한다. 이렇게 선택할 때 우리 곁에 늘 존재하는 참나의 에너지가 주도권을 쥐고, 진정한 내맡김이라는 영적 체험이 시작된다. 당신은 지금 당장 삶의 방향을 바꿀 힘을 가지고 있다. 행복은 당신이 내리는 선택에 달려 있다는 사실을 받아들이면 된다. 선택은 근육과 같다. 내면을 살펴보겠다는 선택을 자주 내릴수록 공허한 상태로 보내는 시간이 줄어든다.

간절한 기도의 힘

그저 선택을 내리기만 하면 행복을 얻을 수 있다는 말이 터무니없고 무책임해 보일 수 있다. 그럴 수 있다. 당신은 이렇게 말할지 모른다. "나에게는 실제적인 문제가 있어요", "이런 문제를 안고 살면서 행복을 선택하기란 불가능해요." 이해한다. 당신은 중독, 우울증, 경제적 어려움, 폭력에 대한 두려움, 음식 불안정(건강 유지에 필요한 식품을 구매하거나 섭취할 수 없는 상태) 등 여러 가지 심각한 문제로 힘들어하고 있을 수 있다. 행복을 '선택'한다고 해서 이런 문제들이 저절로 해결되는 건 물론 아니다. 지금 이 순간 선택의 힘에 관한 글을 읽는 것만으로 당신 안의 보호자 부분이 자극받을 수 있다. 어쩌면 내면의 한 부분이 자기 신념을 필사적으로 고수하며 당신에게 변화의 힘이 있다는 생각을 극구 거부할지도 모른다.

그러나 나는 깜깜한 어둠의 순간에도 선택을 내릴 수 있음을 직접 경험했다. 2019년 나는 산후 우울증으로 인한 자살 충동을 겪었다. 내 인생 최악의 시기였지만, 동시에 정신 질환을 직접 겪으며 그것에 대해 알 수 있는 기회를 얻었음에 한편으로 고맙기도 하다. 당시에는 내면으로 향하겠다는 선택을 내리기가 도저히 불가능해 보였다. 명상은 효과가 없었고 나는 현실에 대한 희망을 완전히 잃었다. 하지만 기도하는 능력만은 잃지 않았다. 매일 경건한 기도를 올리며 나는 선택을 내렸다. 살아야겠다는 선택을 무의식적으로 내린 것이다.

그때는 알지 못했지만 기도는 내가 할 수 있는 유일한 선택이었다. 나는 기도를 통해 도움과 안내를 구하기로 선택했다. 이후 몇 달 동안 그 안내에 거부 반응을 보였지만 마침내 나의 기도는 응답을 받았다. 기도하기로 선택함으로써 정신과 도움을 받을 수 있었고 그것이 결국 내 목숨을 구했다. 그 순간 나는 행복을 선택할 수 없었지만 기도를 하고 내면으로 향하기로 선택함으로써 참나가 주도권을 잡을 수 있는 길을 열어 주었다.

우리는 우리가 기꺼이 보려고 하는 기적만을 경험할 수 있다. 나에게 기적이란 고통을 끝내는 완벽한 방법을 찾은 게 아니었다. 정신과 진료실로 발걸음을 옮기고, 마침내 안전한 치유의 길에 나를 내맡길 수 있도록 이끈 인도 속에서 신과 영혼을 볼 수 있었다는 점이다.

나에게 기도는 특정 종교에 국한되지 않는다. 나의 기도는 나를 인도하는 영적인 존재가 언제나 도움을 주고 있다는 믿음에 뿌리를 두고 있다. 기도에 관한 말만으로도 당신 안의 부분을 자극할 수 있다는 걸 안다. 특히 당신에게 종교나 영성에 관한 불편한 과거 경험이 있다면 더욱 그럴 것이다. 그러나 기도를 반드시 그렇게 생각할 필요는 없다. 내맡김 또는 의도를 세우는 것 정도로 생각해도 좋다(이 책 전체에 등장하는 영적·치료적 용어를 당신에게 적합한 의미로 바꾸어 해석해도 좋다). 이렇게 생각해 보자. 기도할 때 우리는 잠시 멈추어 한 걸음 물러선다. 잠시나마 두려움과 걱정을 내려놓는다. 기도는 도움을 구하는 한 가지 방식이다. 누구에게 도움을 구해야 할지 몰라도 좋다. 대수롭지 않아 보이는 이 변화와 내맡김의 순간만으로도 내면 부분들은 편안해진다.

내맡김과 내려놓음

술을 끊기 시작한 스물다섯 살 무렵 내 후원인이 말하길, 금주의 핵심은 내가 알고 있는 더 높은 힘에 대한 믿음을 키우는 것이라고 했다. 당시 나는 신이나 더 높은 힘을 한 번도 경험해 보지 못한 상태였지만 후원인이 금주하는 모습과 그녀의 내적 평화가 존경스러워 안내를 따르기로 했다. "하는 척이라도 해 봐, 될 때까지." 그녀가 말하곤 했다. 알코올 중독 치료 12단계에서 사용하는 이 슬로건이 마음에 들었던 건 그것이 내 마음속에 가능성의 문을 열어 주었기 때문이다.

매주 모임을 갖던 어느 날 오후, 나는 내심 주저하면서 무릎을 꿇고 기도를 했다. 정확히 누구에게 기도하는지는 몰랐지만 내가 무엇을 구하고 있는지는 분명히 알았다. 나는 도움과 인도, 지지를 간절히 빌었다. 그날 이후로 매일 겸손히 무릎 꿇고 기도했다. 그랬더니 어깨에 진 무거운 짐이 내려지는 기분이었다. 하루하루 기도를 통해 내게 절실히 필요했던 안도감을 찾았다. 나는 평온의 기도를 계속했다. "하나님, 내가 바꿀 수 없는 것들을 받아들일 평온함과 바꿀 수 있는 것들을 바꿀 용기와 그 둘의 차이를 분별할 지혜를 주소서." 나는 '하나님'이 무슨 의미인지 몰랐지만 기도를 통해 나를 내맡길 때면 안도감을 느낄 수 있었다. 나보다 높은 힘에 의지하는 이 방법은 하루 종일 내게 안도감을 선사했다. 그렇게 나는 잠시 멈춰 나를 내맡기며 삶의 방향을 전환하는 기회를 가졌다.

기도를 거창한 것으로 생각할 필요는 없다. 그저 내맡기고 내려놓는 방법으로 생각하면 된다. 기도는 이렇게 말하는 것이다. "나는 지금 버거워요. 도움이 필요해요." 모든 기도는 내맡기는 행위다. 그것은 우리가 자기 내면의 상태에 무감각한 채 살기보다 스스로 그것을 살펴볼 능력이 있음을 상기시킨다. 기도를 통해 잠시 멈추는 순간, 보이지 않는 문이 열리면서 참나의 에너지가 앞으로 나와 우리 안의 보호자 부분을 달랜다. 기도할 때마다 자극과 반응 사이에 작은 공간이 만들어지면서 참나가 나타난다. 잠깐의 기도만으로 호기심과 연민이 일어나고 자신의 내면으로 향하겠다는 결심이 선다. 기도는 두려움 대신 평화를 선택하는 행위다.

"더는 이대로 살 수 없어", "더 나은 방법이 분명 있을 거야"라고 말하고 생각하는 순간이 곧 기도다. 도움을 구하겠다고 의식적으로 갈망하는 것이 바로 기도다. 기도는 우리가 선택을 내릴 수 있음을 자각하게 하며 내면의 참나 에너지를 활성화시킨다. "이것이 아니라 평화를 보게 하소서"라고 기도할 때마다 우리는 논리와 이성을 넘어선 영적 존재에 자신을 내맡긴다. 감정이 자극받는 상황에서 내면으로 시선을 돌리는 건 두려운 일이다. 어쩌면 가장 하기 싫은 일일 수도 있다. 게다가 대부분의 경우 그것은 논리적인 선택도 아니다. 우리는 보호자 부분과 완전히 뒤섞인 상태로 힘겨운 감정을 관리하는 데 급급한 나머지 그 밖의 다른 선택지를 보지 못한다. 그러나 멈춰 기도할수록, 우리에게 사랑의 렌즈로 바라보겠다는 선택의 힘이 있음을 더 깊이 자각할 수 있다.

우리는 우리가 믿는 것을 만든다

영적 코치인 내 친한 친구가 한번은 중요한 통찰을 전했다. 친구는 한 클라이언트와 있었던 경험을 이야기했다. 클라이언트는 "나는 저주받았다", "머리 위에 어두운 구름이 영원히 드리웠다"라는 표현을 자주 썼다. 클라이언트의 말에 친구는 이렇게 대답했다. "그렇게 말할 때마다 당신은 실시간으로 당신의 이야기를 쓰고 있는 거예요." 이는 아무리 어려운 상황에서도 우리가 가진 믿음이 현실을 창조한다는 사실을 일깨운다. 우리는 매일 삶의 각본을 다시 쓸 선택권을 가지고 있다.

잠시 멈춰 선택이 지닌 힘을 되새겨 보자. 이 책을 읽기로 한 당신은 내면으로 돌아가 자신의 이야기를 다시 쓰기로 선택했다. 의미로 가득 찬 이야기를 쓰기로 선택한 것이다. 이는 당신이 믿지 않는 새로운 이야기를 달달 외거나 억지로 확언하는 것과 다르다. 치유를 선택한 것이다. 기도할 때마다, 내면을 들여다보기로 선택할 때마다 당신은 두려움이 아닌 참나의 렌즈로 바라보겠다는 메시지를 내면의 모든 부분에 전하고 있다.

물론 앞으로도 자주 당신은 감정에 휩쓸리거나 두려움에 사로잡히거나 보호자 부분에 뒤섞여 내면 상태를 들여다보는 선택을 내릴 수 없다고 느낄 것이다. 격렬한 감정에 휩쓸려 선택의 여지가 있다는 사실을 잊어버리는 순간을 떠올려 보라. 언제 그런 일이 일어나는가? 어릴 적 살던 집에 들어서는 순간, 당신은 중심을 잃고 현실에서 멀어지며 어린 시절의 행동으로 돌아간다. 혹은 자신을 위해 돈을 투자하거나 개인적인 필요에 의해 돈을 쓸 때마다 재정적 불안감에 시달리는 자신을 발견할 수도 있다. 새로 사귄 남자친구가 곧장 답장을 안 하면 당황하며 세상이 끝난 것처럼 느껴질 수 있다. 이런 이탈 상태는 반복되는 고리처럼 끝없이 되풀이되는 이야기 속에 우리를 가둔다. 거기에 힘이 붙으면 우리는 그것이 현실이라고 믿는다. 그와 다르게 생각하고 느낄 수 있다는 사실을 잊고 만다. 보호자 부분의 똑같은 행동과 생각에 갇힌 채 스스로 선택을 내릴 수 있다는 사실을 더 이상 의식하지 못한다.

보호자 부분이 극단적일수록 스스로 선택할 수 있다는 사실을 기억하기가 더 어렵다. 보호자 부분의 감정에 압도당해 그것이 당신에게 절대적인 진리가 되고 만다. 우리가 반복해서 하는 생각은 신념이 되고, 우리는 우리가 믿는 것을 더 많이 만들어 낸다. 보호자의 생각 고리에 깊이 갇힐수록 삶은 더 혼란스럽고 극단적으로 느껴진다. 바로 이때가 기도가 필요한 순간이다.

모든 기도는 내면에서 참나로 향하는 전환점이자 치유를 향해 나아가고자 하는 의식적인 바람이다. 기도는 잠시 멈춰 다른 선택을 내릴 수 있음을 부드럽게 일깨운다. 이렇게 선택할 수 있음을 떠올릴 때 보호자와 뒤섞인 상태에서 (잠시나마) 벗어날 수 있다. 당신은 편안하게 숨을 내쉬며 스스로 짊어진 압박감을 순간적으로 내려놓는다. 그러면서 참나라는 영적 존재의 에너지가 잠재의식에 들어오도록 허락한다. 참나의 도움을 구하는 기도는 내면에 기적 같은 변화를 불러온다.

기도는 내면으로 돌아가 반복되는 고리에서 벗어나겠다는 선택이다. 기도는 삶을 더 부드러운 방식으로 바라볼 수 있다는 희망을 보호자들에게 전한다. 그 공간에서 당신은 '보호자가 곧 나'는 아니며 '나의 일부'에 불과하다는 진실을 느낄 수 있다. 그리고 내면에 존재하는 것에 호기심을 갖고 거기에 열려 있어도 안전하다는 사실을 깨닫게 된다.

내면을 들여다보겠다는 선택은 지금과 다른 신념 체계로 자신을 몰고 가는 일이 아니다. 그 선택은 당신이 생각보다 큰 힘을 지니고 있음을 받아들이는 데서 시작한다. 기도는 당신이 생각보다 큰 힘을 가지고 있다는 진실을 기억하는 방법이자 그 진실을 실천하리란 약속이다. 많은 상황에서 우리는 신속하고 자연스럽게 선택을 내리지만 내면의 특정 부분 때문에 선택의 가능성을 아예 잊어버리거나 몇 시간이 지난 뒤에야 그 자리로 돌아올 때가 있다. 중요한 건 내면을 들여다보기로 선택하기까지 얼마나 시간이 걸리느냐가 아니다. 그 순간 당신 안에서 일어나는 일이 더 중요하다. 선택이 당신을 내면으로 이끌도록 허용할 때 마음의 습관이 바뀌며 뇌의 신경계도 변화한다.

내면 점검: 기도를 통해 들여다보기

내면 점검 과정에 기도를 추가하면 일종의 전환점이 생긴다. 자기 내면을 들여다보기로 선택하는 일이 불가능해 보일 때 기도는 그 사실을 떠올리게 하는 통로가 된다. 내면의 특정 부분을 억누르거나 무시하거나 부끄럽게 여기기보다 선택을 내릴 수 있게 해 달라고 기도해 보자. "나는 이것이 아니라 평화를 보기로 선택한다" 같은 간단한 기도를 통해 참나가 자리한 곳으로 돌아갈 수 있다. 기도를 통해 내면 점검 과정에 필요한 공간이 만들어지면서 중요한 정보가 드러날 수 있다.

기도를 내면 점검 과정에 적용하는 법을 소개한다.

1. 우선 기도를 습관으로 만든다. 사소한 짜증, 비판적인 생각, 내면의 비판이 올라올 때마다 잠시 멈춰 이렇게 기도한다. "나는 도움을 환영해." 이렇게 기도하면 선택을 내리는 힘이 깨어나 당신이 안내받을 준비가 되었다는 메시지를 내면에 전할 수 있다. 매일 기도하는 습관을 들이면 (하루 종일 기도해도 좋다) 이것이 제2의 천성이 되어 자연스럽게 도움을 청하게 될 것이다. 기도를 발전시켜 나가면서 내면 점검 과정을 계속 이어 가고 싶은 마음이 들 수 있다. 기억할 점은 기도는 의식을 열어 선하고 질서 있는 인도[Good Orderly Direction], 즉 신[God]을 받아들일 수 있는 정도면 충분하다는 점이다. 이어서 점검 과정을 계속하고 싶으면 다음 단계를 밟는다.

2. 어느 정도 편안한 느낌이 들면, 이제 내면 부분들을 살펴보기로 선택할 때다. 내면으로 주의를 향하면서 점검 과정이 자연스럽게 펼쳐지도록 허용한다.

3. 내면에서 어떤 감정과 감각, 생각이 떠오르는지 호기심을 갖고 살펴본다. 내면의 경험을 판단 없이 지켜보는 목격자가 되었다고 생각한다. 내면 부분에 대해 무엇을 알게 되었는가? 노트를 펼쳐 그 부분이 답할 공간을 마련해 준다.

4. 연민으로 내면의 그 부분과 연결해 지금 무엇이 필요한지 물어본다. 대답에 귀 기울이며 마음으로 그것을 받아들인다. 마음이 끌리면 그 부분이 들려준 답을 노트에 적어 본다.

5. 참나의 특성을 찾아본다. 가슴에 손을 얹고 깊이 숨을 들이쉰다. 내면에서 참나의 특성(평온함, 연민, 명료함, 용기, 창조성, 연결, 확신)이 일어나는지 살펴본다. 참나의 특성을 조금이라도 느꼈다면 가슴에 손을 얹고 호흡한다. 참나와 함께 숨을 쉬며 마음을 열고 참나의 직관적 인도를 더 많이 받아들인다. 이 순간을

서둘러 지나치지 않는다. 이것이 바로 참나가 자리 잡을 때 일어나는 기적이다. 참나의 현존 속에 가능한 한 오래 머물러 본다. 나는 더 깊은 경험을 위해 명상 자세로 앉아 참나와 연결되었음을 온몸으로 느끼길 좋아한다.

마음을 연 채로 가만히 머물면서 참나가 들어오도록 허용한다.

변화는 반복과 인내에서 온다

내면 점검 과정의 힘은 반복하려는 의지에서 나온다. 어쩌면 점검 과정 자체가 기도다. 도움을 구하기 위해 내면으로 향하는 의식적인 선택이라는 점에서 그렇다. 내면 점검 과정은 당신에게 두려움을 안기기보다 자연스러운 습관이 될 수 있다. 시간의 흐름과 함께 점검 과정이 제2의 천성이 되어 내면세계와 관계 맺는 새로운 방식이 될 것이다.

내면 점검 과정을 매일 올리는 경건한 기도로 생각하라. 이 기도를 통해 내면 부분들과 지속적으로 연결되면서 성장할 수 있다. 이 연결은 내면 부분들에 주의를 기울이고 그것에 관심을 가지면서 연민 어린 마음으로 이어질 때 생겨난다. 이 단계를 자주 밟을수록 그것은 확실히 자리 잡아 당신의 보호자 부분이 참나의 에너지를 신뢰하기가 더 쉬워진다. 참나가 가진 에너지에 대한 신뢰는 당신이 경험할 수 있는 가장 위대한 사랑이다. 그 사랑은 무조건적이고 변하지 않으며 언제든 사용할 수 있다. 이것이 바로 선택이 우리에게 건네는 약속이다.

내면 점검 과정을 실천할 때는 인내의 힘이 중요하다. 참나에 마음을 열수록 더 큰 연민의 마음이 흘러들며, 이로써 점검 과정에 대해 인내하는 마음도 커진다. 수십 년간 지속되어 온 보호자 부분을 하룻밤 사이에 치유할 수는 없다. 보호자는 아주 오랫동안 주도권을 쥐고 있었다. 그들은 당신이 안전하다고 느끼도록 무던히 애썼으며, 당신은 그들이 가진 대처 전략에 기대어 자랐다. 이런 내면 부분들과 지속적으로 접촉할 때 참나가 나타날 공간이 생긴다. 그러니 순간순간의 변화에 기적이 깃들어 있음을 알고 인내하라.

기도할 때마다 의식에 참나가 나타난다. 감정에 압도당해 내면 점검 과정에 들어가기 힘들 때는 기도로 돌아가라. 당장 내면의 변화를 느끼지 못해도 좋다. 변화가 다가오고 있다고 믿어라. 기도를 끝낸 뒤에 내면 상태를 들여다보기가 쉬워지거나 참나에 대한 인식이 자연스레 스며드는 순간을 경험할 수 있다. 기도는 참나가 모습을 나타내는 통로와 같다. 당장은 느끼지 못해도 기도를 통해 내면의 인도하는 힘에 불이 붙는다.

한 번에 1분이라도 자신의 내면으로 향하겠다고 선택할 때마다 내면 근육이 튼튼해진다. 이 근육은 판단이나 경직된 태도가 아니라 오직 연민과 평온함을 자양분 삼는다. 내면 근육은 늘 당신과 함께하는 존재가 되어 어떤 도전이든 같이 헤쳐 나가는 든든한 안내자가 되어 준다.

선택이라는 단순한 행위가 당신의 여정을 이끄는 힘이라는 점을 알고 인내하라. 자신의 내면을 들여다보겠다는 선택은 당신의 관점과 반응, 궁극적으로 삶을 다시 만드는 잠재력을 지녔다. 내면 점검 과정은 복잡한 계획을 세우는 게 아니라 순간순간에 깃들어 있는 자유를 알아보는 것이다. 잠시라도 내면 부분들과 함께할 수 있는 때를 알아보라. 내면의 보호자 부분에 현존의 감각을 가져갈 때 그들의 예민한 부분이 부드러워진다. 현존의 감각은 우리가 그 부분을 있는 그대로 보고 있다고 느끼게 한다.

무력감에 사로잡힐 때

이 글을 쓴 지 한 시간 뒤에 네일을 했다. 몇 년 동안 네일샵의 관리사들을 불편하게 했던 나는 마침내 네일을 제대로 해 줄 멋진 젊은 직원을 찾았다. 나는 비토라는 이름의 네일 관리사와 2주에 한 시간씩 함께한다. 지금까지 비토와 관계를 이어 온 건 나의 네

일에 대한 그의 사랑스러운 관심 때문만은 아니다. 그보다 우리 두 사람의 영혼이 통하는 듯한 깊은 대화 때문이다. 나는 이것에 감사한다. 네일케어를 받는 동안 나는 휴대폰을 스크롤하거나 멍하니 있기보다 비토와의 대화를 즐긴다. 그의 에너지는 차분하고 활짝 열려 있다. 우리는 쉽게 교감한다. 비토는 가끔씩 자신의 개인적인 삶과 커리어에 대한 포부를 말한다. 그런데 오늘 밤 그는 약간 우울해 보였다. 내가 이유를 묻자, 그는 삶에서 뒤처진 느낌을 받는다고 했다. 나는 망설임 없이 말했다.

"그 감정이 얼마나 오래되었나요?"

"어릴 때부터요."

"내면의 목소리에 귀 기울여 본 적은 없나요?"

그의 얼굴이 이완되면서 부드러운 기운이 감돌았다. 그가 말했다.

"그런 선택을 제안해 주는 것만으로도 희망이 생겨요."

6장

내 안에 있는
더 큰 나

내면가족체계 치료사인 친구가 말했다. "개비, 네가 쓴 『우주에는 기적의 에너지가 있다』를 읽었는데 서문의 처음 몇 문장만 읽고도 내면가족체계를 말하고 있다는 걸 알았어." 친구의 말은 내게 놀라움으로 다가왔다. 그 책을 쓸 당시 나는 내면가족체계에 대해 몰랐기 때문이다. 나는 영적 관계와 내면의 안내 체계와의 연결을 주제로 글을 쓰고 있었다. 그 책의 핵심 메시지는 영적인 연결을 통해 두려움을 믿음으로 바꾸는 것이었다.

돌아보면 영성과 내면가족체계 사이에는 분명한 연결고리가 있었다. 내면가족체계의 핵심 원칙은 내가 밟아 온 영적인 여정과 아주 비슷했다. 20대 초반부터 나는 기도와 명상, 내면의 영적 성장을 통해 두려움에 휩싸인 과거의 신념을 치유하는 데 전념했다. 나는 두려운 생각과 패턴을 만날 때마다 이렇게 기도했다. "최고의 진리와 연민의 안내자여, 나의 두려움을 사랑으로 변화시켜 주어 감사합니다." 경건한 영적 수행을 통해 나는 자아 중심적이고 비판적인 생각을 내면의 안내 체계, 즉 사랑과 연민의 영적 존재에 내맡겼다. 그것이 내가 아는 '더 높은 힘'이었다. 두려움을 판단 없이 관찰하면서 더 높은 힘에 내맡겨 치유하는 습관이 바로 내가 이해하는 내면가족체계의 핵심이다. 나는 하루도 빼놓지 않고 사랑의 존재(참나)를 내 마음에 초대해 세상에 대한 두려움을 달랬다.

참나는 우리 안과 주변에 항상 존재하는 사랑의 에너지다.

누구나 언제라도 참나의 에너지를 사용할 수 있다. 참나와의 연결을 돌보고 키울수록 그것의 에너지를 더 많이 사용할 수 있다.

우리가 참나를 사용하지 못하는 이유는 내면의 강력한 보호자 부분 때문이다. 방어적인 신념 체계를 구축하지 않은 사람은 아무도 없다. 그런데 그것은 우리를 원치 않는 패턴에 빠트린다. 보호자가 주도권을 쥐고 우리 행동에 영향을 미친다. 그러나 자신의 내면을 돌보면서 사랑의 에너지와 영적으로 연결될 때, 우리는 세속의 신념을 잠시 그치고 내면에 있는 참나를 다시 발견할 수 있다. 한 번에 하나씩 새로운 관점에 마음을 열 준비가 되었을 때 치유가 일어난다.

보호자 부분으로부터 참나를 향해 조금이라도 인식이 전환된다면 이는 기적이다. 나는 수천 명의 사람이 스스로의 이해를 통해 영적인 연결, 즉 참나를 경험하는 걸 보았다. 그것은 영광스러운 일이었다. 세계 최대 규모의 집단 명상 현장에서 수천 명으로 가득한 공간의 에너지가 단 몇 분 만에 바뀌었다. 나는 팟캐스트 게스트들을 내면 점검 과정으로 안내할 때도 그들의 보호자 부분이 느끼는 극심한 불안이 참나가 구현하는 평온함으로 몇 분 만에 바뀌는 걸 보았다. 이런 기적이 일어나는 데 필요한 건 자신의 내면을 향해 도움을 구하기로 선택하는 것뿐이었다.

내면을 향해 도움을 구할 때 우리는 참나의 안내와 내면의 평화라는 축복을 받는다. 답은 우리 안에 있다. 외부에서 답을 찾는 건 효과가 없다. 외부에는 내면의 감정에서 우리를 구해 줄 그 무엇도 없다. 물질, 관계, 성공에서 구하는 안도감은 사실 그곳에 없다. 진정한 안도감은 내면에서 우리를 기다리고 있다. 그러니 내면으로 돌아가려는 의지만 있으면 된다. 하루하루 조금씩 내면으로 향하는 변화를 통해 당신이 혼자가 아니며 참나가 언제든 도움을 준다는 사실을 떠올릴 수 있다. 이렇게 시간이 지나면 의지할 수 있는 참나와 더 단단히 연결된다. 참나는 직관적인(영적인) 에너지이자 내면의 안내 체계, 현존의 감각이다.

내면 부분과 연결될 때마다 그것은 참나의 존재를 가로막는 벽에서 벽돌 하나를 치우는 것과 같다. 자기 내면을 들여다보는 일에 전념할수록 더 수월하게 벽돌을 치울 수 있다. 이 과정이 아주 먼 길처럼 보이지만 한 가지는 확실히 말할 수 있다. 참나와 내면 부분들 사이에 경계가 사라지는 순간이 반드시 찾아오며, 그때부터 당신은 사랑의 에너지에 자연스럽게 접근할 수 있다는 사실이다. 참나와의 영적인 연결은 늘 당신 안에 있었다. 지금이 참나와의 연결을 회복할 때다.

작은 알갱이 하나면 충분하다

참나의 에너지 한 알갱이가 들어올 때마다 내면에 사랑의 존재가 있다는 믿음이 커진다. 연결의 한 알갱이, 즉 참나와 조금만 연결되어도 그것은 깊은 복식호흡, 안도의 한숨, 내면의 안전감, 확장되는 존재감, 창의적 직관의 불꽃으로 느껴진다. 이때 참나의 특성(연민, 용기, 연결, 평온함, 창조성, 명료함, 확신, 호기심) 중 하나 혹은 그 이상이 자연스럽게 당신을 통해 흘러나오는 걸 경험할 것이다.

참나가 가진 호기심으로 당신은 이 책의 페이지를 넘긴다. 참나는 내가 이 책에서 전달하는 에너지를 보내고 있다. 참나는 명상에서 느끼는 평온함이다. 참나는 바로 지금, 이곳에서 당신에게 열려 있다. 내면의 보호자 부분이 진정되고 참나가 자리를 잡으면 당신의 가슴은 활짝 열리며 넓어진다. 참나의 현존은 당신을 무한한 가능성을 향해 활짝 열어젖힌다. 당신과 참나가 만나지 않는 곳은 없다. 참나는 지금 당신 안에, 주변에 그리고 당신과 함께 있다. 내 말을 느껴 보라. 이 책에 흐르는 에너지를 느껴 보라. 나의 참나 에너지가 당신에게 닿도록 허용하라.

참나를 받아들여라. 지금 참나가 나를 통해 글을 쓰고 있다. 앞으로도 그렇게 할 것이다. 당신과 나 사이에 참나의 에너지가 교류하고 있음을 느끼게 하기 위함이다. 내가 지금 이 페이지에 표현하고 있는 에너지가 이 책의 한 권 한 권에 고스란히 담겨 당신에게 전달될 것을 믿는다. 기억하라. 참나는 더 많은 참나를 창조한다.

진정한 자기 돌봄

참나와 다시 연결되는 것은 오랜 친구와 재회하는 일과 같다. 시간이 걸리기도 하지만 때로 자연스럽게 이루어지기도 한다. 다시 연결되는 데 걸리는 시간은 중요하지 않다. 중요한 건 내면으로 향하겠다는 용기다. 일단 용기를 내 내면으로 향하면 참나 에너지의 작은 알갱이 하나만으로도 연결을 키우기에 충분하다.

여기에 소개하는 방법으로 참나와 의식적으로 연결되길 선택할수록 현존과 평화를 더 쉽게 경험할 수 있다. 참나에 대한 믿음이 커질수록 내면의 모든 부분에 깃든 순수함을 더 쉽게 알아볼 수 있고, 그러면 당신의 모든 부분이 한층 부드러워질 것이다.

참나와의 연결은 삶에서 맺을 수 있는 가장 심오한 관계다. 참나와 관계 맺을 때 당신은 내면에서부터 안전하다고 느끼며 세상을 경험하는 방식이 변화한다. 사랑의 마음으로 생각하고 행동할 수 있다. 당신은 더 이상 과거와 미래의 희생자가 아니며, 현재 순간에 온전히 몰입할 수 있다.

내면의 보호자 부분이 (잠깐이라도) 참나와 연결되었다고 느끼면 그 부분의 영향이 진정되면서 편안해진다. 나는 참나와 연결된 느낌을 여섯 살 아들 올리버와 함께하는 일상 경험에 비춰 본다. 올리버가 감정에 휩싸일 때 나는 그것을 무시하거나 "괜찮아"라고 말하지 않는다. '타임아웃'을 주지도 않는다(절대 금기 사항이다).

오히려 반대로 행동한다. 즉, 인내심을 가지고 아들의 상태를 살펴며 감정을 알아차린다. 나는 참나의 에너지를 아들에게 전하며 이렇게 말한다. "지금 정말 화가 났구나."

나는 바닥에 몸을 낮추며 가만히 묻는다. "엄마가 알아야 할 게 있니?" 관심과 평정심으로 아들이 자신의 감정을 온전히 표현하도록 한다. 아들의 에너지가 가라앉고 숨소리가 느려지면서 몸이 이완되었다고 느껴지면 공감으로 연결한다. "지금 뭐가 필요하니? 안아 줄까?" 이렇게 아들과 공감으로 연결될 때마다 나는 아들의 뇌에 강력한 메시지를 전한다. 그의 감정이 중요하다는, 버거운 감정을 경험해도 안전하다는, 엄마가 모든 것을 수용한다는 메시지다.

이렇게 참나의 에너지로 아이와 연결될 때 그것이 아이에게 어떤 의미를 가질지 생각해 보라. 이어서 당신의 내면 부분들과 그런 연결을 맺는다면 어떨지 상상해 보라. 내면 부분들을 참나와 연결함으로써 믿고 의지할 수 있는 본연의 지혜와 내면의 인도가 더욱 커진다.

우리는 신뢰하지 않는 데 익숙해서 참나에게 자신을 내맡기는 일이 처음엔 어색할 수 있다. 잠시 어린 시절을 떠올려 보라. 어릴 적 당신은 자신이 느끼는 강렬한 느낌과 감정이 안전하다고 믿었는가? 당신의 주 양육자는 당신의 내면 경험에 관심을 가졌는가, 아니면 당신이 어떻게 행동하는지(착한 아이인지 아닌지)에 더 초점을 맞추었는가? 더 나쁜 경우, 당신을 돌봐야 할 양육자가 오히려 당신이 안전하지 않다고 느낀 감정의 원천이었는가? 양육자와 건강한 애착을 형성하고 무난한 양육 환경에서 자랐다고 해도 어릴 적 뇌가 처리하기에 안전하지 않은 경험을 했을 수 있다. 적절한 도움을 받지 못하고 감정의 처리법도 몰랐던 당신은 밀려드는 감정의 홍수를 혼자 감당해야 했다. 이에 내면의 수많은 보호자 부분이 나서서 추방된 고통과 돌봄받지 못했다는 핵심 감정을 마주하지 않도록 도왔다.

하지만 이제 '스스로' 그 핵심 감정을 돌볼 수 있다면 어떨까? 어린 시절 양육자와 신뢰 관계를 맺지 못했어도 지금 그런 관계를 만들 수 있다. 당신에게 항상 필요했던 안전하고 든든하며 위로하는 부모는 바로 지금, 여기에 있다. 정말이다. 이 책을 집어 든 것만으로도 당신은 참나가 인도하도록 선택을 내렸다. 이 책을 계속 읽어 나갈 용기는 당신 안에 존재하는 참나로부터 나온다. 참나는 지금 여기에 있다. 바깥에서 그것을 찾아다닐 필요가 없다. 참나의 존재를 가로막는 장애물을 치우기만 하면 된다. 그것은 늘 여기에 있었다.

틱낫한 스님은 이렇게 말했다. "어머니가 우는 아기를 따뜻하게 안아 주듯이, 감정과 함께하는 것만으로도 그 감정은 진정된다. 아기는 어머니의 따뜻함을 느끼면 이내 울음을 그친다." 참나의 에너지에 다가감으로써 당신은 보호자 부분과 함께하며 그들이 안전하고 편안하다고 느끼게 한다. 당신은 자신의 감정과 함께 머물며 순수한 아이를 돌보듯 감정을 보살필 수 있다. 그럴 때 내면 부분들은 믿음직하고 안전한 공간을 갖는다.

언제 참나를 경험할까

이 여정을 따르면서 참나와 자연스럽게 연결되는 경험을 했을 수 있다. 글쓰기 연습에서 호기심이 강하게 일어나는 걸 느꼈을지도 모른다. 그 호기심이 매우 강렬한 나머지 완전히 새로운 시각을 경험했을 수 있다. 아니면 명상을 하던 중 평온함이 찾아왔을 수도 있다. 어떻든 당신의 마음과 정신을 활짝 열어 참나와 연결되는 게 중요하다. 그렇다고 억지를 부릴 필요는 없다. 그저 내면의 참나 에너지를 가로막는 장벽을 제거하기만 하면 된다.

내면의 특정 부분이 참나와 연결되었다고 느끼면 그들은 긴장을 푼다. 이는 당신의 어린 부분이 곁에 믿을 만한 어른이 있다고 느낄 때 찾아오는 이완이다. 이렇게 참나에 대한 신뢰를 쌓기까지는 시간이 걸릴 수 있지만 열린 마음만 있다면 참나는 자연스럽게 나타난다. 딕 슈워츠는 참나와 자연스럽게 연결된 상태를 다음과 같은 멋있는 문장으로 표현했다.

우리는 누구나 자신과 타인의 삶에 문득 찾아오는, 명료함과 균형의 빛나는 순간을 알고 있다. 어떻게 그곳에 이르렀든, 별안간 내면의 충만함과 세상에 대한 열린 마음을 느낀다. 그것은 조금 전까지만 해도 없던 감정이다. 끊임없이 맴돌던 머릿속 불쾌한 잡음이 그치면서 마음과 영혼이 확장되고 밝아지는 평온함과 여유로움을 느낀다. 때로 이런 무상한 경험을 통해 우주의 모든 것(너와 나, 우리의 힘든 분투와 불완전한 인간성을 포함한 모든 것)이 진정으로 '괜찮다'는 평화로운 확신이 밝은 빛으로 다가옴을 느낀다. 어떤 때는 타인과의 기쁨 가득한 연결감이 찾아와 짜증과 불신, 지루함을 깨끗이 씻어 내기도 한다. 마침내 우리는 진정한 자신, 평소 우리를 괴롭히는 내면의 불협화음에서 벗어난 진정한 자기 모습을 마주하고 있다고 느낀다.[1]

동기부여 강연을 할 때 나는 참나의 빛나는 순간을 경험한다. 강연을 할 때면 머릿속에서 빠져나와 내면의 영혼과 조화를 이루며 참나가 지닌 변화의 에너지를 활용할 수 있다. 자연스러운 몰입 상태에 들면 말이 나를 통과해 저절로 흘러나오는 느낌이다. 이는 멋진 현존의 경험이다. 이럴 때 나는 연결되어 있고 영감을 받으며 살아 있다고 느낀다. 당신도 이런 경험이 있는가? 운동을 할 때 자신이 확장되는 멋진 느낌이나 예술 활동을 할 때 창조적인 에너지가 일어나는 걸 경험해 보았을 수 있다. 깊은 명상을 하고 난 뒤 참나의 평온함이 스며드는 걸 느꼈을 수도 있다. 삶에서 이런 해방감을 자연스레 경험했던 순간들을 주목해 보라.

최근에 내 팟캐스트 디어 개비(Dear Gabby)에서 나는 어느 청취자와 즉석에서 멋진 경험을 나누었다. 그때 나는 녹음 스튜디오에 있었는데, 무작위로 선정한 게스트를 화면에 불러와 질문을 받고 실시간으로 코칭을 해 주었다. 한 여성 게스트가 화면에 등장하자마자 나는 그녀가 자신의 내면 상태를 섬섬할 필요가 있음을 느꼈다. 그녀의 보호자 부분은 자기 비난의 고리에 꼼짝없이 간혀 있었다. 그녀는 자신을 초라하게 만들고 원하는 바를 이루지 못하게 방해하는 '내면의 비판자'가 삶의 주도권을 쥐고 있다고 말했다. 나는 5분 만에 그녀가 자신의 내면 상태를 점검하면서 호기심과 연민으로 참나와 연결되도록 안내했다. 마음을 연 덕분에 그녀는 곧장 내면으로 향했다. 그리고 어렵지 않게 비판자 부분을 알아보았다. 참나와 연결하는 단계에서 내가 물었다.

"내면의 비판자에 대해 어떤 감정이 드나요?"

"연민이 느껴져요. 내 마음은 열려 있고, 오직 사랑만이 느껴져요."

그녀의 눈에 눈물이 고였다. '연민'이라는 단어가 흘러나온 순간, 나는 참나가 그 공간에 함께 있음을 알았다. 이토록 빠른 참나와의 연결 경험은 그녀에게 촉매로 작용했다. 그녀가 풍기는 에너지가 완전히 바뀌었다. 이어서 나는 이렇게 물었다.

"내면의 비판자가 무엇을 필요로 하나요?"

"참나의 연민과 사랑의 에너지가 더 많이 필요해요."

화면을 나가며 그녀는 완전히 새로운 에너지와 삶의 관점으로 대화를 마무리했다. 몇 달 후 그녀는 다시 팟캐스트 게스트로 돌아왔다.

"나 기억해요, 개비? 삶을 온통 집어삼킨 내면의 비판자 때문에 힘들어하던 사람이요."

"물론이에요, 내 사랑! 잘 지냈어요?"

"음, 내면의 비판자가 아직 죽지 않고 살아서 목소리를 내요. 하지만 예전처럼 나를 완전히 휘어잡지는 않아요. 당신과 잠깐 만났지만 난 큰 변화를 겪었어요! 내면의 비판자를 나 자신이 아닌 내 안의 어린 부분으로 볼 수 있게 되었거든요. 연민을 느꼈고, 그런 연민을 더 자주 일으킬 수 있게 되었어요."

그녀는 팟캐스트 녹음 중 단 몇 분 만에 영원히 자신을 바꿔놓는 근본적인 변화를 경험했다. 내면의 비판자가 완전히 사라진 건 아니었다. 다만 그 비판자를 다른 방식으로, 즉 연민의 마음으로 경험할 수 있게 되었다. 순식간에 이루어진 참나와의 연결은 그녀에게 눈이 번쩍 뜨일 만큼 놀라운 경험이었다. 그녀는 내면의 비판자와 관계 맺는 완전히 새로운 방식을 터득했다. 더 이상 내면의 비판자가 속삭이는 이야기에 빨려들지 않았다(적어도 대부분의 시간 동안 그랬다). 대신 그녀는 내면의 비판자를 자신의 '일부'로서 관찰하는 목격자가 되었고, 그런 관점을 통해 자기 연민이 자리 잡기 시작했다.

내면 점검: 명상을 통해 들여다보기

이제 참나를 직접 체험하는 시간을 가져 보자. 이번 내면 점검 과정에는 1분 30초 정도의 간단한 호흡 명상을 추가해 참나의 에너지를 느낄 수 있도록 했다. 준비가 되었다면, 나의 안내를 따라 시작해 본다.

지금 내면에 어떤 부분이 존재하든 그것과 조화를 이루고 내면으로 주의를 집중하겠다고 선택한다. 이렇게 확언하면서 참나의 에너지를 고요히 하고 그것을 불러온다. "이 부드러운 과정에 참나의 평온한 에너지가 들어오는 걸 환영해."

생각, 감정, 감각을 살피면서 내면으로 호기심을 확장한다. 특정 부분이 떠오르면 그 부분에 주의를 기울인다. 무엇이 일어나든 그것과 함께 머문다. 그 부분과 잠시 함께하며 드러나야 할 것들이 자연스럽게 드러나도록 허용한다.

현재에 머물며 호기심을 지속한다.

이제 1분 30초 동안 호흡 명상을 진행하면서 연민의 연결을
확장한다.

● ● ● ● ● ●

다리를 겹치고 바닥에 편안히 앉거나 의자에 똑바
로 앉습니다. 편안하게 눈을 감습니다.

지금 당신 안에 존재하는 그 부분을 다시 한번 관찰
해 봅니다.

몸에서 느껴지는 긴장감과 통증, 감정적 고통도 관
찰합니다.

그런 감정과 감각이 몸의 어느 부위에 자리 잡고 있
는지 살펴봅니다.

그 신체 부위에 손을 얹고 깊이 숨을 들이쉬며 감각
을 느껴 봅니다.

신체 감각이든 마음의 감정이든, 1분 30초 동안 그
것과 함께 숨을 들이쉬고 내쉬어 봅니다.

그 부분이 품고 있는 감정에 숨을 불어넣습니다.

그것이 당신의 가슴 부위에 있다면 가슴으로 숨을
불어넣으면서 그것을 내려놓습니다.

목이 긴장하고 있다면 그 부위로 숨을 불어넣으면

서 긴장을 내려놓습니다.

슬픔이 버거운 감정으로 다가온다면, 슬픔 속으로 깊이 숨을 불어넣으면서 그것을 내려놓습니다.

감정 속으로 깊이 숨을 불어넣으면서, 그 감정과 고통이 충분히 표현될 기회를 줍니다.

그런 다음 부드럽게 내려놓습니다.

이제 숨을 들이쉬면서 어떤 감정과 느낌, 감각이든 있는 그대로 느껴 봅니다.

숨을 내쉬며 내려놓습니다.

1분 30초 동안 이 호흡 과정을 반복합니다.

더 오래 호흡 명상을 하고 싶다면 그렇게 해도 좋습니다. 참나가 당신을 이끌게 하세요.

●●●●●●

참나의 특성을 확인한다. 내면 부분에 더 큰 현존의 감각을 전하면서 평온함의 감각이 느껴지는지 관찰한다. 가슴에서 연결감이 느껴지는가? 연민, 명료함, 창조성과 같은 감각을 알아차릴 수 있는가? 잠시 멈춰 참나의 특성이 드러나는지 살펴본다.

참나를 느끼며 그것과 함께 머문다. 부드럽게 눈을 감고 떠오르는 모든 감각과 감정에 집중한다. 옳거나 틀린 감정은 없다. 그저 일어나는 대로 관찰하면 된다. 이 순간, 당신의 내면에 사랑의 존재가 있음을 알 수 있는가? 참나가 지금 당신과 함께하는 것이 느껴지는가?

천천히 깊게 호흡하면서 이 새로운 감각을 느껴 본다. 더 깊은 연결과 내면의 연민을 받아들이도록 마음을 열어 본다. 깊이 숨을 들이쉰 뒤 완전히 내쉰다. 참나의 에너지에 잠시 머물러 본다. 준비가 되었다면 다시 책으로 돌아온다.

이 1분 30초 호흡 명상은 20년이 넘는 시간 동안 나의 소중한 자산이었다. 술을 끊었던 초기에 내 안의 보호자 부분은 극도의 경계심을 보이며 늘 긴장 상태에 있었다. 그러던 중 나는 호흡 명상으로 불안을 줄이는 법을 조금씩 알게 되었다. 몸에서 불안이 느껴지면 그것을 알아차린 뒤, 불안한 감각에 1분 30초 동안 의도적으로 숨을 불어넣는 간단한 방법으로 삶을 바꾸었다. 불안이라는 감정을 잠시나마 알아보고, 거기에 숨을 불어넣으며 그 감정을 통과할 때마다 나는 더 평온하고 안정되었다고 느꼈다. 당시엔 이 호흡법이 참나와 연결되는 방법이라는 걸 몰랐지만 돌아보니 힘들었던 시기에 호흡을 통해 참나와 연결될 수 있었음을 깨닫는다. 이 간단한 마음챙김 호흡법을 당신의 내면 점검 과정에 적용하면 참나를 몸으로 직접 느끼는 강력한 방법이 될 것이다. 호흡 명상을 접목한 점검 과정을 통해 내면에 존재하는 참나를 진정으로 느낄 수 있다.

찰나의 기적

나는 영적 수행을 통해 '기적'이라는 단어의 정의를 새로 배웠다. 기적은 인식의 전환이다. 두려움에서 사랑으로 변화하는 것이다. 내면 점검 과정과 내면가족체계 원칙을 가르치면서 나는 기적 같은 순간을 수없이 목격한다. 그 놀라운 변화 중 하나가 중독치료 시설에서 진행한 세션에서 일어났다. 그것은 기적 자체였다. 강당에 들어서 연단으로 향하던 중 한 젊은 여성이 눈에 띄었다. 그녀는 팔짱을 끼고 의자에 기대 앉아 고개를 한쪽으로 기울인 채 이리저리 눈을 굴리고 있었다. 방의 다른 사람들과 연결을 끊은 상태였다. 그녀의 자세와 표정, 에너지는 무의식에 빠져든 중독자의 것이었다.

나는 연단에 올라 스물다섯 살에 시작된 나의 금주 여정에 대해 이야기했다. 어떻게 중독의 늪에서 빠져나왔는지, 어떻게 중독과의 관계를 변화시켰는지, 개인적인 치유 경험을 사람들과 나누었다. 나는 내면가족체계를 통해 내 안의 중독자 부분이 견디기 힘든 트라우마 기억과 직면하지 않도록 방패 역할을 해 왔음을 알게 되었다고 말했다. 나아가 그들의 존재와 역할을 인정하고 그동안의 노력에 고마움을 전했다고 덧붙였다.

내 이야기를 공유함으로써 내면 점검 과정의 핵심 개념을 소개할 안전하고 공감 어린 공간이 마련되었다. 나는 추방자와 보호자 부분에 대해 말한 뒤 청중에게 물었다. "지금 당신과 함께 있는 내면 부분은 무엇인가요?" 청중들은 각자의 감정을 소리 내어 말하기 시작했다. "분노와 함께 있어요." "수치심이요." "두려움이요." "판단이요." "죄책감이요." 그때 한편에서 젊은 여성이 목소리를 냈다. 연단에 오를 때 눈에 띄었던 그 여성이었다. "아무것도 느껴지지 않아요." 나는 그녀를 사랑과 연민으로 바라보며 말했다. "그렇죠. 나 역시 내 안에서 아무것도 못 느낄 때가 있어요."

청중들이 각자 내면에 존재하는 특정 부분을 어느 정도 인지한 뒤, 나는 함께 명상을 진행하며 그들이 그 부분과 연결되도록 도왔다. 그들이 자신에게 일어나는 감정과 감각, 생각을 확인하고 존중하도록 도왔다. 그런 다음 "그 부분에 나이와 성별, 이야기나 이미지가 있나요?" 하고 질문을 던지며 청중들이 내면 부분에 더 호기심을 갖도록 천천히 안내했다. 이어서 한 손은 가슴에, 다른 손은 배 위에 얹고 스스로에게 이런 질문을 던지게 했다. "내가 도울 수 있는 게 있을까? 지금 네게 필요한 건 뭐지?" 나는 참가자들이 몸속의 감정과 감각을 알아차리고 불편한 부위로 손을 옮기도록 했다. 그렇게 1분 30초 동안 내면의 각 부분에서 일어나는 감정과 감각에 숨을 불어넣는 경험을 함께 나누었다.

구부정한 자세로 앉아 있던 아까 그 젊은 여성은 이제 몸을 곧게 펴고 앉았다. 그녀는 가슴에 손을 얹은 채 눈물을 흘리고 있었다. 얼굴이 달라 보였다. 평온하고 해방된 듯 편안해 보였다. 자세가 바뀌었고 턱이 이완되었으며, 계속해서 눈물이 흐르는 동안 그녀 주위에 황금빛이 감도는 것이 보였다.

명상을 마친 뒤 나는 청중들이 천천히 눈을 뜨도록 요청했다. 잠시 고요함이 흐른 뒤 각자의 경험을 나누었다. 그 젊은 여성이 손을 들고 말했다. "지금껏 살면서 한 번도 안전하다고 느껴 본 적이 없어요. 그런데 오늘 가슴에 손을 얹자 온몸이 편안해졌어요. 내면의 목소리가 안전하다고 속삭이는 게 들렸어요." 그녀의 마음과 몸, 영혼에 일어난 기적 같은 변화를 목격하며 나도 눈물을 흘렸다. 그녀는 깨어난 듯했다. 상처받고 추방당한 내면 아이, 평생 자신의 상처와 마주하지 않고 피해 온 보호자 부분에 마음이 열렸다. 이렇게 명상을 통해 참나와 연결되자, 그녀는 난생처음으로 자신의 내면에서 안전하다는 느낌을 경험했다.

강연이 끝난 뒤 그 여성이 연단으로 걸어와 말을 걸었다. 그녀가 다가오는 모습을 지켜보던 나는 눈에 띄게 달라진 그녀의 신체와 에너지에 깜짝 놀랐다. 그녀는 완전히 다른 사람이 되어 있었다. 어리고 순수하며 무거운 짐을 내려놓은 모습이었다. 눈은 안도감으로 가득했고 마음은 활짝 열려 있었다. 우리는 서로 껴안았다. 내가 그녀를 품에 안은 동안 그녀가 말했다. "오늘이 내 인생의 전환점이에요. 안전하다는 느낌이 내게 희망을 주었어요." 잠시나마 참나와 연결된 순간, 그녀의 삶이 새로운 방향으로 나아갈 가능성이 열렸다.

내 삶에 참나 초대하기

참나를 경험하고 나면 무엇이 가능한지 조금이나마 알게 된다. 신체 감각과 미세한 내면 경험을 당장 해소하거나 바꾸지 않고도 거기에 가만히 주의를 기울이기만 하면 보호자 부분이 자연스럽게 적응하는 공간이 생긴다. 참나가 더 많이 나타날수록 내면에서 일어나는 대화가 바뀌고, 몸이 열리며, 마음이 확장된다. 이렇게 내면에서 참나와 연결될 때 보호자 부분과도 더 깊이 연결되면서 그들이 보내는 신호를 명확히 이해할 수 있다. 명상을 통한 내면 점검 과정으로 보호자 부분과 의식적으로 접촉함으로써 당신 안에 참나가 존재함을 알려 주는 내적 감각을 확립할 수 있다. 자연스럽게 내면 탐구를 거듭할수록 내면의 온전함은 더 커진다.

내면 점검 과정으로 참나를 초대하기로 선택하는 건 어디서나 실행 가능한 방법이다. 내가 연단에 오르기 전에 늘 행하는 의식이 있다. 지금 내 안에 어떤 부분이 존재하는지 확인하는 것이다. 그것은 무대 조명이 못마땅한 통제자 부분일 수도 있고, 머리 스타일이 불만인 아이 부분일 수도 있다. 나는 그들을 그대로 데리고 연단에 오르지 않는다. 대신 참나에게 도움을 청한다. 이 장에 소개한 명상법을 활용해 감정과 감각에 1분 30초간 숨을 불어넣는다. 그런 다음 기도를 하며 참나의 에너지를 불러온다.

"최고의 진리와 연민의 에너지여, 나를 통해 말해 주어 고마

위요." 명상적 내면 점검 과정을 통해 보호자 부분에게 필요한 만큼의 관심을 주고, 기도를 통해 나와 함께 연단에 오를 참나를 초대한다. 이런 의식을 행함으로써 연단에 오르는 동안 내면에 흐르는 참나의 에너지를 느낄 수 있다. 마치 날개를 단 보이지 않는 천사가 뒤에 서 있는 것처럼 내 것이 아닌 말이 흘러나오고 짜릿한 감각이 팔과 다리를 스친다. 시간이 멈추고 사랑이 흐른다. 연결감과 연민의 느낌이 일어나며 용기가 샘솟는다. 이렇게 참나와 창조적으로 연결되는 건 내가 아는 가장 심오한 느낌 가운데 하나다.

우리는 연결되어 있다

참나와 연결된 느낌을 돌아보며, 이 글을 쓰는 동안 나는 참나의 에너지와 연결된다. 참나의 평온함이 신경계에 스며드는 걸 느낀다. 배경에는 부드러운 스포티파이 믹스 음악이 흐르고 있다. 아들은 다른 방에서 자고 있다. 불빛은 어둡고 커튼은 쳐져 있다. 나는 안전하고 편안하게 침대에 누웠다. 침대 옆 탁자에는 파란색 나비 장식이 놓여 있다. 나는 영적으로 안정되었고 영감을 받고 있다. 참나와 연결된 느낌이다. 나는 모든 것을 내려놓으며 뇌가 기어를 바꾸도록 허용한다. 논리와 개요, 교훈으로부터 비켜선 나는 어디에도 얽매이지 않은 자유로운 빛의 힘이다.

나는 당신이 이 글을 읽으며 종이 위로 흘러나오는 참나의 에너지를 느끼길 바란다. 내가 당신과 연결돼 있음을 느끼길 바란다. 우리는 공통점이 많다. 우리는 은혜와 내면의 평화, 두려움 없는 삶의 방식을 찾는 구도자다. 우리 안의 부분들을 돌보고 그들이 편안해질 때 우리가 갈망하는 자유가 찾아온다. 내면이 고요해진다. 고요한 정적 속에서 우리는 가장 필요한 내면의 지혜와 사랑, 연결을 얻는다. 그렇게 우리는 참나를 받아들인다.

이 새로운 삶의 방식에 마음을 열고 이 계획을 믿어 보라. 이는 논리와 이성을 넘어 지혜를 얻는, 자신의 내면으로 향하는 단순한 길이다. 기적을 선사하는 길이다. 열린 마음으로 받아들이며 호기심을 지속하라. 참나와의 모든 만남을 즐겨라.

다음의 기도로 나는 참나의 에너지를 당신과 나누고자 한다.

당신 자신에게 연민을 느끼기를.
당신 내면의 모든 부분에 마음을 열기를.
당신 내면에서 현존의 감각을 경험하기를.
당신이 참나에 대한 믿음을 갖기를.

7장

불안과
직면하다

불안이라는 감정은 나에게 낯설지 않다. 나는 신경계를 흐르는 전류처럼 모든 걸 집어삼키는 불안의 공포를 경험해 보았다. 공황과 감당하기 힘든 두려움, 현재에 머물지 못하는 상태가 끊임없이 반복되는 불안이 어떤 것인지 안다. 잠 못 이루는 밤, 한숨도 못 자고 해가 뜨는 아침. 마비와 통제, 견디기 힘든 감정을 회피하려는 끊임없는 충동, 불안이 결코 가라앉지 않으리란 끔찍한 그 느낌을 누구보다 잘 안다.

거의 40년 동안 나는 특별한 진단명 없이 불안 장애와 함께 살았다. 하루하루 명상과 치료, 요가, 온갖 종류의 전인적 치유법으로 겨우 불안을 다스리고 있었다. 이런 방법으로 일시적인 안도감을 느꼈지만 근본적인 원인을 해결하지는 못했다. 결국 불안이 삶을 집어삼키기 시작했다. 아들을 출산한 지 두 달 후 극심한 불안이 찾아왔고 불면증, 공황 발작, 자살 충동으로 이어졌다. 나는 내면의 불안에 호기심을 갖고 그것이 정말 필요로 하는 걸 드러낼 공간을 마련해 주지 못했다. 억누르고 피하면서 영적 우회로를 가려고 했다. 허브와 침술 등 모든 방법을 동원했다. 불안이 허브 치료가 아닌 '관심'을 필요로 한다는 사실을 회피하고 있었다.

그러나 오랫동안 다스리던 내 안의 불안을 더는 숨길 수 없었다. 출산한 지 얼마 안 된 엄마인 나의 생화학적 상태와 통제를 벗어난 감정 촉발 요인 때문에 불안을 관리하기가 거의 불가능해졌다. 몇 달 동안 내 안의 보호자 부분을 전전하며 외면하는 행동으로 불안을 억누르다가, 마침내 내면을 향해 나를 내맡기는 동시에 전문가의 도움을 구해야 하는 상황에 이르렀다.

바닥을 친 날이 기억난다. 전날 밤 한숨도 못 잤다. 그날 아침 치료사에게 전화가 왔다. "내가 나서야 할 때인 것 같아요." 그녀는 이전에도 수십 번이나 물었던 내면가족체계 질문을 다시 꺼냈다. 하지만 이번엔 뭔가가 분명히 달랐다. 나는 방어기제를 내려놓고 불안과 제대로 연결되어 있다고 느꼈다. 그녀가 물었다. "내면의 불안 부분에 지금 필요한 것은 무엇인가요?" 나는 망설임 없이 답했다. "도움이 필요해요." 이 두 마디가 치유를 향해 나아가는 나의 여정에 촉매가 되었다.

돌아보면 불안과 직면하고 그것을 돌보는 과정에서 일어난 또 다른 내면 부분이 있었다. 수치심이었다. 나는 산후 정신질환에 관한 수치심 때문에 제때 도움을 받지 못했다. 정신질환은 내면의 방어적인 부분을 작동시켜 우리의 관심이 필요한 불안 부분과 우울 부분을 덮어 버린다. 나의 경우 수치심이 내 목숨을 앗아 갈 뻔했다.

나는 내가 정신질환을 앓고 있다는 데 크게 저항했다. 다양한 치료 자원을 이용할 수 있었음에도 나에게 정신질환이 있다는 사실을 인정하기가 어려웠고, 그 덕에 산후 기간을 지나기가 무척 힘들었다. 수치심이 내 인생의 소중한 몇 달을 앗아갔다. 갓 태어난 아들과 유대를 형성하지도 못했다. 그런데 충분히 바닥을 쳤던

탓인지, 고맙게도 참나와 연결되면서 조금의 빛이 비쳤다. 참나와 연결되자 수치심이 진정되면서 내게 정말 필요했던 정신과 도움을 받을 수 있었다.

내 이야기는 내면의 불안 부분이 참나와 연결될 때 치유의 가능성이 열릴 수 있음을 보여 준다. 나는 내면가족체계 치료를 통해 불안을 진정시킬 수 있었고, 불안의 장막 너머를 바라보며 SSRI(선택적 세로토닌 재흡수 억제제, 항우울제)의 도움을 받을 수 있었다. 우울증의 생화학적 반응을 다루는 항우울제를 먹고 마음이 어느 정도 안정되자, 나는 증상의 근본 원인인 추방자 부분을 치유하기 위한 내면가족체계 작업을 시작할 수 있었다.

모든 걸 집어삼키는 불안의 특성을 알아보기란 매우 어렵다. 특히 생화학적 증상을 앓고 있다면 더욱 그렇다. 일부 생화학적 증상은 선천적이며, 또 어떤 증상은 외상 후 스트레스 장애(PTSD)에서 비롯한다. 이때 많은 경우 약물은 더 깊은 치료적 치유를 향한 길에서 우리에게 내면의 안전감을 줄 수 있다.

내 경험에 비추어 볼 때 항우울제가 큰 도움이 되었다고 분명히 말할 수 있다. 그럼에도 약은 해결책의 일부에 불과했다. 나는 약을 복용하면서 안전함이 어떤 느낌인지 엿보았다. 항우울제를 먹은 뒤 몇 년 동안 전에 없던 평화로움을 누리며 살았다. 나의 뇌는 새로운 신경 경로를 만들었고 몸은 안전하다는 느낌을 받았다. 그러나 이렇게 지내는 동안에도 그 이면에서 도움을 필요로 하는 불안의 전류가 계속해서 흐르고 있음을 알았다. 불안은 나의 호기심과 연민 어린 연결을 원했다. 다시 말해, 그것은 참나를 필요로 했다. 비록 항우울제가 안도감으로 가는 다리를 놓아 주었지만 지속적인 치유를 위해서는 깊은 회복을 향한 치료 단계를 밟아야 했다. 당신이 불안 때문에 약을 먹든 먹지 않든 상관없이, 내면을 들여다보고 참나가 당신을 돕도록 허용할 때 더 큰 안도감을 얻을 수 있다.

원래 불안한 사람은 없다

불안은 모든 것에 영향을 미치는 신체적 반응이다. 잘 사라지지 않는 불안은 숨은 목적을 지니고 있다. 우리의 내면 깊숙이 추방된 상처가 드러나지 않도록 하는 것이다. 불안은 우리의 건강, 수면, 인간관계, 소망 그리고 전반적인 안녕에 영향을 미치는 극단적인 보호자다. 늘 경계 태세를 유지하며 추방된 상처가 자극받을 때마다 다른 곳으로 주의를 돌린다. 많은 사람이 불안이라는 감정 자체에 집중하는 것이 불안을 내려놓는 것보다 더 안전하다고 느낀다. 무의식적으로 우리는 불안 아래에 숨겨진 것을 두려워한다.

　잠들었던 추방자 부분이 의식에 다시 떠오르면 두려움과 트라우마, 수치심이 밀려와 감당하기 힘들 수 있다. 이때 불안은 종종 가장 먼저 대응자로 나선다. 격렬한 신체적·정서적 불편감을 일으키며 추방된 부분의 근원적이고 깊은 고통을 가린다. 불안은 모든 걸 포괄하는 감정이 되어 다른 내면 부분을 압도하면서 깊은 상처와 직면하지 않게 한다. 불안한 보호자 부분이 당신의 마음과 몸을 장악해 다른 것에 집중할 수 없게 된다.

이를 잘 보여 주는 한 사례가 내 친구 사샤다. 나는 사샤의 어머니가 그녀의 집에 머물 때 사샤를 만나 대화를 나눴다.

"엄마가 아이들을 봐 주니 얼마나 좋니?"

"실은 정말 힘들어. 엄마 옆에 있으면 엄청 불안하거든."

사샤의 어조가 변했다. 그녀는 어머니가 한순간 다정하다가 다음 순간 이유 없이 화를 내곤 한다고 했다.

"어릴 적 내내 이렇게 예측 불가 상황이었어. 엄마가 어떤 모습으로 나타날지 전혀 알 수 없었거든. 나에게 불안 장애가 생긴 게 조금도 이상하지 않아."

사샤의 이야기는 그녀의 과도한 불안(끊임없는 경계 상태)이 어디에서 비롯된 것인지 그 뿌리를 명확히 드러냈다. 그것은 어머니의 예측 불가한 행동으로부터 자신을 보호하기 위함이었다. 그녀의 불안은 어머니의 행동에 대비하는 수단이었다. 나아가 그것은 어머니와 정서적 유대를 형성하지 못했다는 커다란 고통에서 벗어나는 구실이 되었다. 이런 새로운 시각으로 불안을 바라봄으로써 단지 증상을 완화하는 것을 넘어 불안 아래에 숨어 있는 내면 부분들에 빛을 비출 수 있다.

마음을 열고 불안을 불가피한 감정이 아닌 우리 안의 보호자 부분으로 바라볼 때 변화가 시작된다. 그렇게 함으로써 나는 불안을 밀쳐 내지 않고 그것과 연결될 수 있었다. 처음에는 불안 부분을 다루는 게 걱정스러울 수 있다. 불안에 주의를 기울이면 오히려 불안이 더 악화되지 않을까 하는 우려가 들기 때문이다. 그러나 진실은 그것과 정반대이다. 불안은 밀쳐 낼수록 악화된다. 그러지 않고 불안을 관심이 필요한 내면의 보호자 부분으로 볼 수 있다. 그것을 있는 그대로 온전히 받아들이고, 그것이 존재할 공간을 마련해 줌으로써 한결 마음이 편해질 수 있다.

불안을 치유하는 데는 다면적인 접근이 필요한데, 이를 위해서는 참나의 안내가 중요하다. 핵심은 연민과 호기심으로 불안 부분에 다가가 그것과 자주 연결되고자 의식적으로 노력하는 것이다. 이런 식으로 내면의 불안 부분을 알아봐 주면 그것은 부드러워지면서 자신이 진짜 필요로 하는 것을 드러낸다.

산후 진단을 받은 뒤 내가 평생토록 극심한 무기력과 불안에 시달리며 살아왔다는 사실을 알았다. 불안을 관리하는 과정에서 나는 무력했고 아팠으며 매일 같은 경험을 반복하는 쳇바퀴의 햄스터처럼 느꼈다. 불안한 보호자 부분과 뒤섞여 다른 삶의 방식이 존재한다는 사실을 몰랐다. 아무도 나의 이런 불안이 깊은 상처의 결과라는 걸 알려 주지 않았다. 나는 그저 불안과 함께 홀로 남겨

졌을 뿐이었다.

　많은 사람이 자신의 불안과 하나로 뒤섞여 거기서 벗어날 방법이 없다고 느낀다. 우리의 보호자 부분이 내면 체계에서 매우 강력한 위치를 차지해 다른 길이 없다고 느끼게 만들기 때문이다. 우리는 마치 보호자 부분이 우리의 정체성을 규정한다는 듯 그것의 역할을 받아들인다. 자신은 원래 '불안한 사람'이라고 믿는다. 우리의 내면 부분들은 자신의 극단적인 역할을 받아들이며, 지금 하는 일을 멈추면 큰 위험에 처한다고 믿는다. 각 부분은 자신의 역할에 너무나도 집착해서 다른 방식으로 행동한다는 생각 자체가 두려울 수 있다.

삶에는 늘 불안이 존재한다

살아 있는 한 불안에서 완전히 벗어나기는 어렵다. 휴대폰만 들여다봐도 불안을 자극하는 코르티솔이 쏟아져 나온다. 몇 달 전 친구가 스트레스 수준을 측정하는 앱을 알려 줬다. 앱에 표시된 수치를 보며 자신의 스트레스 수준을 테스트하는 게임 비슷한 앱이었다. 앱의 적색 존에 들면 스트레스가 급상승하고 있다는 뜻이다. 반면, 호흡에 집중하며 의식적으로 이완하면 녹색으로 변한다.

　직접 테스트해 본 나는 깜짝 놀랐다. 처음 30초 동안 깊이 숨을 들이쉬고 충분히 내쉬며 신경계를 조절하자 녹색 존을 유지했다. 그때 마침 휴대폰 알림이 떴는데 알림을 끄려고 주의를 돌리는 순간 빨간 불이 들어왔다. 시뻘건 불이! 순식간에 고요한 평정심에서 극도의 불안으로 빠져든 것이다. 나는 휴대폰 알림을 끄는 단순한 행동에 이토록 몸이 즉각적으로 반응한다는 사실에 놀랐다. 그때부터 나는 휴대폰을 들여다볼 때마다 바뀌는 감정에 유의하게 되었다. 이 새로운 자각은 휴대폰이 우리 삶에 얼마나 큰 스트레스를 주는지 깨닫는 계기였다.

현대 생활은 이런 일상적인 스트레스 요인으로 가득하다. 그리고 대부분의 사람은 스트레스를 완화하는 방법을 전혀 모른다. 이 점에서 이 장은 앞으로 당신이 두고두고 펼쳐 볼 내용이 될 것이다. 나는 불안과 새로운 방식으로 관계 맺는 법을 당신에게 소개하고자 한다. 당신이 치료적 도움을 받든 받지 못하든, 당신에게는 참나가 있다. 내가 안내하는 단계를 따라가며 참나가 내면의 불안 부분을 돕게 하라.

불안과 친구 되기

한번은 2천여 명의 청중에게 그들이 지난 한 주 동안 불안을 경험했는지 물었다. 당연하다는 듯 여기저기서 '그렇다'라는 답이 나왔다. 이어서 나는 불안에 대해 각자 느낀 바를 이야기해 달라고 청했다. 좌절감, 두려움, 분노, 짜증, 공포 등 다양한 답이 돌아왔다. 청중의 답을 듣는 동안 강연장에 연결의 에너지가 가득 차는 게 느껴졌다. 강연장에서 우리는 어떤 식이든 자기 삶에 큰 영향을 미친 내면의 특정 부분을 대신해 목소리를 내고 있었다. 낯선 사람들로 가득한 공간에 공통의 연결감이 생겨났다.

내면에서 연민에 찬 연결의 에너지가 흘러나오는 동안 나는 마음이 청중에 열려 있음을 알았다. "당신은 혼자가 아닙니다. 지금 이곳에 흐르는 연결의 감각을 느껴 보세요. 우리 모두가 함께입니다." 내 입에서 연민의 말이 흘러나왔다. "당신의 고통을 이해하고 그 경험을 존중해요. 내면의 불안 부분을 어떻게 할지 몰라 얼마나 무서웠을까요. 다시 한번 지금 일어나고 있는 연결감을 느껴 보세요. 우리 안의 불안이 말하고 있어요. 관심을 원한다고요. 잠시 눈을 감고 내면으로 주의를 향해 봅니다. 불안이 지금 무엇을 필요로 하는지 말할 수 있는 공간을 마련해 줍니다."

나는 계속해서 흐름을 타고 청중을 이끌며 내면의 불안 부분을 들여다보도록 안내했다.

●●●●●●

내면으로 주의를 향한 뒤 불안이 당신의 몸 어느 부위에 자리 잡고 있는지 살펴봅니다.

셀프 헬프

그런 다음, 그 부위에 손을 얹고 호기심 어린 관심을 보내 봅니다.

그 부위의 느낌과 감각을 알아차려 봅니다. 긴장이나 통증이 느껴지나요? 그것과 연관된 색깔이나 모양이 있나요?

잠시 불안한 감정과 감각에 깊이 숨을 불어넣어 봅니다. 그런 다음 숨을 내쉽니다.

이제 더 깊이 불안과 연결하면서 그 느낌을 온몸으로 느껴 봅니다. 그 느낌에 숨을 불어넣고 다시 완전히 내쉬어 봅니다.

숨을 들이쉬고 내쉽니다.

코로 숨을 들이쉰 뒤 내쉽니다.

1분 더 당신의 불안 부분에 숨을 불어넣습니다.

• • • • • •

참나가 이끄는 즉석 명상을 마친 뒤, 나는 청중에게 부드럽게 눈을 뜨라고 요청한 다음 이렇게 물었다. "이제 어떤 기분이 드나요?" 강연장은 청중들이 내놓은 참나의 특성으로 가득 찼다. "안도감이 느껴져요." "자유로움이요." "내가 더 넓어진 것 같아요." "연민의 마음이 느껴져요." "연결되었다는 느낌이 들어요." "평온함이요."

단 3분간의 명상으로 2천여 명의 참가자가 불안에 대한 두려움에서 벗어나 불안과 친구가 되었다. 청중들은 고립감을 느끼던 상태에서 연결감을 느끼는 상태로 바뀌었다. 불안에 좌절하던 상태에서 불안을 향해 연민의 마음이 일어났다. 나는 참나의 창조적 에너지의 안내를 받아 이 명상을 청중들과 나누었고 이는 다시 청중의 자가 치유 에너지를 일으켰다. 이 명상으로 청중들은 자신의 불안을 연민의 시선으로 바라보는 법을 배웠다. 그것은 그들이 평생 사용할 수 있는 방법이 되었다. 불안을 들여다보며 연민으로 연결될 수 있다는 건 더 이상 불안을 두려워할 필요가 없다는 의미였다. 불안을 다스리는 도구를 가진 그들은 불안에 지배당하는 대신 그것과 관계를 맺을 수 있었다.

당신에게도 이 기적 같은 변화를 선사하고 싶다. 불안과 싸우지 않고 친구가 될 수 있다면 어떨까?

내면 점검: 불안 들여다보기

이 관점을 더 살펴보고 싶다면 잠시 내면의 상태를 들여다보는 시간을 가져 보자. 부드럽게 내면으로 주의를 돌려 당신이 느끼는 불안에 조금의 관심을 가질 의향이 있는지 확인해 본다. 만약 불안이 당신의 보호자 부분일 수 있다는 생각을 편안하게 받아들일 수 있고 그에 대해 작업할 의향이 있다면 불안 점검 과정에 들어가도 좋다. 그러나 만약 어떤 이유로든 이것이 감정을 촉발시키거나 버겁다고 느껴지면 이 부분을 읽되 단계별 연습은 뒤로 미루길 권한다. 준비되었다고 생각될 때 언제든 돌아오면 된다.

지금 소개하는 내면 점검 과정은 당신이 이미 알고 있는 연습에 불안 관련 요소를 추가한 것이다. 이 단계들은 우리 내면의 어떤 부분에든 적용할 수 있지만 특히 불안을 점검할 때 사용하면 큰 도움이 된다.

안전감을 확립하는 5초 호흡법

불안은 종종 우리를 꽉 붙들고 놓아 주지 않는다. 그래서 우리는 자신에게 내면을 들여다볼 선택권이 있다는 사실을 잊는다. 이를 고려할 때 당신이 가장 먼저 해야 할 일은 안전한 감각을 확립하는 것이다.

당신이 느끼는 불안에 안전한 기준선을 제공하는 가장 빠른 방법은 호흡이다. 스탠퍼드대학교의 신경과학자 앤드류 후버먼은 불안과 스트레스를 줄이는 5초 호흡법을 소개했다. 그런데 막상 불안을 느끼는 사람에게 심호흡을 통해 마음을 진정시키라고 하면 대부분 이렇게 시큰둥하게 답할 것이다. "그래요, 말이야 참 쉽죠!" 당신도 지금 그런 반응을 보일지 모른다. 그러나 이 단계를 건너뛰지 말고 나를 따라 단 두 번만 호흡해 보라. 그러면 당신의 내면 시스템에 새로운 평온함의 기준선이 만들어진다. 불안하거나 스트레스를 받으면 호흡이 얕아진다. 때로 질식할 것 같은 느낌이 들 수도 있다. 이때 호흡 연습은 스트레스 반응과 반대되는 이완 반응을 활성화시켜 큰 도움을 줄 수 있다.

만약 당신이 불안 발작에 시달리거나 숨이 가쁘고 고통스럽다면 내면의 불안 부분을 들여다보기로 선택하는 것조차 힘들 수 있다. 이것이 이번 점검 과정을 호흡으로 시작하는 이유다. 방법은 다음과 같다.

- 빠르게 두 번 코로 숨을 들이쉰다.
- 그런 다음, 입으로 천천히 길게 그리고 충분히 숨을 내쉰다.
- 이 호흡 패턴을 최소 2회 이상 연습한다. 도움이 되는 것 같으면 더 많이 해 본다.

차분한 안도감이나 깊이 연결된 호흡 패턴을 느낄 수 있다면 다음 단계로 넘어갈 준비가 된 것이다.

불안에 귀 기울이기

내면 점검 과정에 들어가기 전에 불안 부분을 들여다보아도 좋은지 허락을 구한다. 불안은 마주하기 버거운 극단적 부분이다. 불안을 들여다보기로 선택하는 게 무섭게 느껴질 수 있으며, 그 과정에서 더 많은 보호자 부분이 개입할 수도 있다. 부드럽게, 천천히 나아가며 불안 부분에게 허락을 구한다. 불안 부분에게 점검해도 좋은지 물어본다. 만약 '아니오'라는 대답이 돌아온다면 더 안전하다고 느낄 때까지 호흡 연습을 계속한다. 그런 다음 불안 부분에게 점검을 원하는지 다시 물어본다(단순히 호흡만 하면서 점검 과정으로 넘어가지 않아도 좋다. 당신의 내면이 가장 편안한 대로 하면 된다).

호기심을 갖고 불안 부분에 다음의 질문을 던져 본다.

- 어떤 감정과 생각, 감각을 느끼니?
- 그 불안감이 얼마나 오래되었니?
- 무엇 때문에 불안이 일어나니?
- 불안을 내려놓으면 무슨 일이 일어날까 봐 두렵니?
- 극도의 불안을 일으키는 역할이 아니라면 너는 어떤 일을 하겠니?
- 나에게 알려 주고 싶은 다른 것이 있니?

충분한 시간을 갖고 내면의 불안 부분을 알아본다. 그런 다음 연민으로 연결한다. 지금 잠시 한 손을 가슴에, 다른 손을 배 위에 올리고 연민의 마음으로 불안 부분과 연결한다. 불안 부분에 "지금 무엇이 필요하니?"라고 물어본다.

지금 이 순간 무엇이 필요한지 말하는 내면의 목소리에 귀 기울인다. 만약 이 과정에서 뭔가 막힌 듯한 느낌이 든다면 불안 부분에게 그 이유를 물어본다. 이 과정에서는 무엇보다 호기심을 유지하려는 의지가 가장 중요하다. 내면의 목소리는 어린아이와 같다. 말을 시작하면 계속해서 마음을 더 연다. 당신 안의 불안 부분에게 발언할 수 있는 허가장을 주고 그것이 필요로 하는 걸 말하게 하라.

참나의 특성 확인하기

이제 당신이 느끼는 불안에 어떤 감정이 일어나는지 잠시 살펴보자. 당신은 불안에 대해 이전보다 부드러운 태도를 갖게 되었는가? 평온한 감각이 느껴지는가? 불안에 대해 더 알게 된 지금, 약간의 연민이 느껴지는가? 참나의 특성 가운데 어떤 것이 느껴지는가(연민, 연결, 명료함, 창조성, 평온함, 용기, 호기심, 확신)?

어떤 특성이 드러나든 그것을 확인한 뒤, 지금 주어진 참나의 에너지에 고마움을 전한다. 노트를 열고 이 경험을 적어 본다. 참나의 에너지와 연결되는 게 어떤 느낌인지 노트에 적어 보는 건 아주 좋은 일이다. 다음에 당신이 불안에 휩싸여 얼어붙을 때 노트를 꺼내 읽으며 언제든 참나가 도움을 준다는 사실을 다시 떠올릴 수 있기 때문이다.

화해하면 삶이 가벼워진다

삶에서 불안은 종종 보호자 부분으로 나타나 우리의 존재와 뒤섞인다. 그래서 우리는 불안이 결코 사라지지 않는다고 생각한다. 나는 당신이 자신의 불안 부분을 자주 들여다보는 일을 최우선으로 삼길 권한다. 불안 부분과 지속적으로 대화를 나누다 보면 그것에 필요한 관심을 주고 불안의 패턴을 끊어 내는 법을 알 수 있다.

아마도 불안은 당신이 기억하는 한 아주 오랫동안 당신의 내면세계에서 보호자 역할을 해 왔을 것이다. 불안은 억압된 과거에서 비롯한 감정 촉발 요인에 즉각적으로 반응한다. 이로써 당신의 관심을 내면의 추방자 부분에서 힘겨운 신체 감각으로 돌린다. 불안 반응을 해체하는 과정에는 전념과 연습이 필요하다. 이를 통해 편안함을 느끼면 자연스럽게 당신은 이 과정에 더 자주 들어설 것이다. 그러면 이것이 제2의 천성이 된다.

불안한 내면 부분을 들여다보는 일은 나의 아침 루틴이 되었다. 나는 불안을 진정시키며 하루를 시작한다. 나의 하루하루는 참나와 연결된 상태에서 평온하고 열린 마음으로 시작된다. 그러면 내 안의 다른 보호자 부분도 편안해진다. 아무리 분주한 아침 시간에도 에너지와 집중력이 샘솟는 걸 느낀다. 아들의 등교 준비가 수월해졌고 남편을 더 다정하게 대한다. 엄마가 불안이 없는 상태로 하루를 시작하므로 아들의 아침 스트레스도 크게 줄었다. 아이들은 언제나 부모의 에너지와 내면 부분에 영향을 받는다. 나의 불안이 안정되자 아들 올리버도 차분해지면서 그의 불안 부분도 편안해졌다. 이런 긍정적인 영향은 직장 동료들에게도 마찬가지로 나타났다. 동료들은 더 인내심 있고 편안한 나를 발견했다. 그 덕에 그들도 더 평온해졌다. 이 모든 게 내 안의 불안 부분과 친해지는 일로 하루를 시작했기에 일어난 변화다. 하루를 시작하는 아침부터 참나의 에너지와 만나는 멋진 방법은 당신의 불안 부분에 관해 명상하는 것이다.

아침에 불안을 살피는 것에 효과를 본 나는 하루 종일 이것을 연습하기로 했다. 불안에 관한 명상은 나의 자연스러운 일상으로 자리 잡아 이제 불안이 일어날 때면 자동으로 그것을 들여다본다. 업무 통화 중 숨을 멈춘 나를 보면 그것은 불안한 마음이 주도권을 쥐었다는 신호다. 그럴 때는 깊이 숨을 들이쉬며 내면으로 주의를 향한다. 주변 사람이 알아보지 못할 정도로 빠르고 미묘하게 일어나는 일이다. 나는 순식간에 내면으로 초점을 향하면서 연민의 마음으로 불안 부분과 연결된다. 그 순간 자신을 조절하며 내면의 평온한 상태로 돌아가는 연습을 한다. 매번 성공하는 건 아니지만 성공할 때면 그것은 기적과도 같다.

불안해하는 내면의 보호자 부분이 최고 수준의 경계를 취하는 상황에서도 나는 불안을 들여다볼 수 있음을 안다. 예전에는 그것을 알아보는 데 일주일이 걸렸다면 이제는 한 시간도 걸리지 않는다. 불안이 내 몸에서 어떻게 경험되는지 충분히 자각하면서 연결되기 때문에 예전보다 훨씬 빨리 그것을 들여다보겠다는 선택을 내릴 수 있다.

만약 당신도 내면의 불안을 들여다본 뒤 마음이 편해진다면 이를 주기적으로 실행해 보길 권한다. 이 과정을 몇 번이고 반복해 보라. 내면으로 주의를 향해 연민의 마음으로 불안 부분에게 무엇이 필요한지 알려 달라고 요청한다. 이는 결코 작지 않은 변화를 불러온다. 내면 부분들은 매우 지혜로워서 기회가 되면 마음을 연다. 불안에 숨 쉴 공간을 주면서 그것과 몸으로 연결되는 일은 스트레스 반응을 늦추고 신경계를 안정시키는 강력한 방법이다. 만약 조금이라도 마음이 편안해진다면 당신의 불안 부분과 연민으로 연결되어 보라.

나의 경우, 이 과정을 자주 실행할수록 불안에 대한 두려움이 줄어드는 걸 느낄 수 있었다. 나는 신경계를 안정시키고 마음을 가라앉히며 내면에서 일어나는 불안을 연민의 마음으로 들여다보는 법을 알게 되었다. 불안을 대하는 도구를 가졌음을 아는 것만으로도 삶이 더 자유로워졌다. 불안이라는 장애물을 만날 때마다 그것을 통과해 갈 수 있다고 믿게 되었다. 나는 더 이상 불안의 희생자에 머물지 않는다. 오히려 불안과 연결하면서 그것에게 참나의 현존을 선사할 수 있다. 불안해질 때면 참나가 도움을 준다는 걸 알고 있다. 그렇게 믿는다.

억지로 멈출 필요는 없다

최근 한 전도사가 이렇게 말하는 걸 들었다. "자녀들이 부모에게 바라는 건 오직 하나, 무조건적인 사랑입니다." 내면 부분들도 마찬가지다. 호기심과 관심을 갖지 않는다면 내면 부분들은 바람직하지 않은 자신의 역할에 갇힌 채 급한 불을 끄면서 삶을 관리하는 데 급급할 것이다. 그러나 그들이 겪고 있는 괴로움을 외면하지 않고 들여다보며 무엇이 필요한지 물어볼 때, 그들은 자신이 사랑받고 존중받는다고 느낀다. 그들 역시 무조건적인 사랑을 원한다. 참나가 줄 수 있는 게 바로 그것이다. 처음에는 참나와 연결되는 사랑의 순간이 짧을 수 있지만 그 깊이만큼은 심오하다. 보호자 부분이 참나의 에너지를 느낄 때마다 내면 시스템과 뇌는 새로운 경험을 하게 된다. 그것은 무조건적인 사랑의 경험이다. 이 과정을 통해 새로운 신경 경로와 자신을 인식하는 새로운 방식이 만들어진다. 참나와의 짧은 만남을 신뢰하는 것만으로도 변혁적이고 지속적인 변화가 일어난다.

참나의 현존과 연결될 때 불안 부분은 고통에서 벗어나는 길이 있음을 알고 명료해지며 힘을 얻는다. 고통에서 벗어나는 길은 다름이 아니라 우리 안으로 들어가는 것이다. 내면의 불안 부분과 어떤 식으로든 연결을 맺을 때 그것들을 지금과 다르게 바라볼 수 있다. 우리가 불안을 두려워하는 이유는 대개 불안을 멈추는 법을 모르기 때문이다. 그러나 불안을 멈춰야 할 필요가 없음을 알고, 대신 불안과 연결될 수 있음을 깨달으면 참나로부터 커다란 명료함을 얻을 수 있다.

우리 안의 보호자 부분은 매 순간 자신의 역할을 수행하는 데 열심이다. 그것은 어떻게든 계속해서 '안전'하고자 한다. 이런 보호자 부분의 역할에 관심을 가질 때 치유가 일어난다. 잠시라도 보호자 부분을 가만히 들여다보면 마음이 편안해진다. 희망은 언제나 가능하며, 참나는 당신을 돕기 위해 늘 당신 곁에 존재한다는 사실을 기억하라. 힘겨운 상황에서는 참나와의 연결이 어렵다고 느낄 수 있다. 따라서 평소에 참나와의 연결을 자주 연습하는 게 중요하다. 일상에 참나의 도움 원칙을 많이 적용할수록 힘든 순간에 당신 곁에서 도움을 주는 참나에 의지하는 법을 더 많이 배울 수 있다.

언제든 불안이 버겁다고 느껴질 때면 잠시 멈춰 이 방법을 시도해 보라. 이 페이지를 접어 두고, 나중에 심한 불안에 빠질 때마다 다시 펼쳐 보라. 가슴에 손을 얹고 깊이 숨을 들이쉬며, 내 말에 담긴 참나의 에너지로 자신을 보듬어 보라.

● ● ● ● ● ●

안녕, 친구. 내가 여기 있어. 너와 함께하며 너를 보고 있어. 깊이 숨을 들이쉬고 내쉬어 봐. 내 말을 따르는 동안 계속 이렇게 호흡하면 돼. 지금 이 순간, 내 말을 너의 안내자로 삼아 봐. 이 페이지에서 참나의 힘이 네게 전달되고 있다고 믿어 봐. 내 고요한 현존의 감각을 느껴 봐. 이 페이지에 내 사랑의 에너지가 힘차게 흐르는 걸 지켜봐. 지금 내 참나의 에너지가 너에게로 흐르고 있어. 나는 네가 혼자가 아니라는 걸 알려 주기 위해 여기에 있어. 너는 나 그리고 이 책을 읽는 모든 사람과 연결되어 있어. 너의 불안 부분은 그저 정보를 전하면서 너의 관심을 끌고 싶어 하는 것뿐이야. 불안 부분에 조금이나마 부드럽게 숨을 불어넣어 봐. 그러면 참나의 도움으로 마음이 더 편안해질 거야. 나는 네가 이 글을 읽기로 용기를 낸 게 자랑스러워. 그리고 너의 내면에서 도움을 구할 수 있다는 걸 분명히 알게 된 것도 뿌듯해. 내 말을 듣는 순간, 너는 참나를 맞이해 스스로를 돕고 있는 거야. 넌 혼자가 아니야. 참나의 에너지가 지금 너와 함께하고 있어. 네 안에서 너는 참나와 연결되어 있어. 이 문장들 한 마디 한 마디가 그 사실을 일깨워 줄 거야. 깊이 숨을 들이쉰 다음 끝까지 내쉬어 봐. 나는 지금 내 말에 의식적으로 참나의 에너지를 불어넣고 있어. 그 에너지가 너에게 전해질 거라 믿어. 너는 안전해. 나는 너를 보고 있고 너는 사랑받고 있어. 너는 영원히 존재하는 참나의 에너지와 연결되어 있어. 너는 혼자가 아니야.

●●●●●●

이 글이 당신에게 연결감과 연민, 평온함을 안겨 주길 바란다. 만약 도움이 되었다면 나중에 언제든 다시 읽어 봐도 좋다.

내면의 불안 부분을 들여다보는 기회를 가질 때마다 당신은 참나가 도움을 줄 수 있다는 메시지를 그들에게 보내는 것이다. 내면 점검 과정을 반복할수록 불안 부분은 더 안전하다고 느끼며 참나가 도움을 주리란 믿음이 커진다. 참나와 연결되어 마음이 편안해지는 순간에 주목하라. 참나의 에너지와 조금만 연결되어도 그것은 당신이 참나의 안내를 받고 있다는 영적인 증거가 된다. 고통에서 벗어날 길이 있음을 알 때 우리는 명료해지고 힘을 얻는다. 고통에서 벗어나는 길은 자기 내면을 들여다보는 데서 시작한다.

희망으로 불안을 채우다

이 장을 거의 다 썼을 무렵, 불안 약을 조금씩 줄이기 시작한 지 닷새째였다. 나는 정신과 의사가 제시한 치료 계획에 안전감을 느끼고 있었다. 물론 약을 끊는 게 누구에게나 효과적인 방법은 아니다. 많은 사람에게 있어 약물의 도움을 받는 건 매우 중요하고 필수적이다. 나는 산후 불안증 진단을 받은 뒤 4년 동안 항우울제의 도움을 크게 받았다. 그러다 약을 끊는 게 좋겠다고 느낀 때가 찾아왔다. 하지만 서두르지 않았다. 약은 내가 안전하게 착지하는 발판이 되어 주었다. 약을 통해 나는 불안이 그토록 오랫동안 숨겨 온 추방자 부분과 연결되는 깊은 치유의 여정에 나설 수 있었다. 나는 내 안의 모든 부분을 이해하고 참나에 대한 믿음을 키우려고 노력했다. 그 과정에서 내면의 안전감에 관한 새로운 기준이 생겼다. 정신과 의사의 안내와 내면의 참나에 대한 믿음을 바탕으로 조금씩 자연스럽게 약을 줄일 수 있다는 확신이 들었다.

약을 줄이기 시작한 지 닷새 만에 이 장을 쓰게 된 건 우연이 아니다. 나는 이것이 영혼의 신성한 인도라고 믿는다. 참나와 조화를 이룰 때 우주가 나를 돕고 있음을 자연스럽게 알게 된다. 나는 항우울제에서 벗어나 삶에 커다란 변화를 일으키는 데 참나의 에너지가 도움을 주고 있다고 느꼈다. 이 과정을 시작하도록 믿음을 준 참나의 용기를 알아보았고, 이 과정을 천천히 진행하는 게 중요함을 명료하게 인식했다. 적어도 1년 정도의 충분한 시간을 두고 서서히 약을 줄이면서 참나의 에너지가 나를 돕도록 하는 게 핵심이었다. 속도를 늦추거나 도움을 청해야 할 때 신호를 준 나의 내면 시스템과 깊이 연결된 데 감사한다.

호흡에 집중하는 순간마다 언제든 참나의 평온한 에너지에 다가갈 수 있었다. 약을 줄여 나가는 과정에서 내면 점검 과정의 각 단계가 나를 지지해 주었다. 참나의 인도를 받으며 이 여정을 안전하게 이어 갈 수 있다는 믿음이 생겼고, 내 안의 불안은 희망으로 가득 찼다.

8장

통증이라는 이름의
보호자

"왜 그래?" 추수감사절 저녁 식사를 위해 시댁으로 가는 차 안에서 나는 남편을 바라보며 물었다. 남편은 이마를 찌푸리고 어깨를 뻣뻣하게 한 채 운전석에 앉아 있었다. "허리가 아파."

우리 부부가 흔히 나누는 대화다. 내 안에는 남편의 안녕에 예민하게 반응하는 부분이 있다. 그들은 언뜻 남편의 감정을 돌보는 것 같지만, 실은 내 감정을 조절하기 위한 목적도 있다. 한편 남편 안에는 그가 크게 불편함을 느끼는 부분이 있는데, 바로 그의 삶을 온통 지배하는 허리 통증이다.

글을 쓰는 지금, 남편이 이 대목을 읽는 모습이 벌써 눈에 선하다. 남편은 자신의 구체적인 사례를 소개하는 데 마음이 불편할지 모른다. 싹 지우고 다시 쓰고 싶은 마음도 든다. 하지만 남편의 반응을 살피기보다 남편을 '위해' 이 장을 써 보면 어떨까? 뿐만 아니라 우리 모두를 위해, 즉 온갖 만성 통증과 질환으로 고생하는 사람들을 위해 이 장을 쓰면 어떨까? 그런 생각으로 자리에 앉는 순간 내면의 목소리가 들려왔다.

"그래, 개비. 한번 해 봐. 남편의 허리를 위해 써 봐. 네 긴장된 턱을 위해 써 봐. 새로운 시각이 필요한 우리 몸의 모든 보호자 부분을 위해 글을 써 봐."

나는 내면의 메시지를 받아들이면서 그것이 마음에 자리 잡게 했다.

"좋아, 분명해졌어. 남편 자크를 위해 그리고 온갖 신체적 통

셀프 헬프

증으로 힘들어하는 모든 사람을 위해 새로운 관점을 제시하겠어."

고통의 원인은 통증만이 아니다

잠시 당신이 앓고 있는 만성 통증이나 신체 증상에 대해 생각해 보라. 당신은 허리와 목에 통증이 있는가? 소화기관에 문제가 있는가? 만성 자가면역질환을 앓고 있는가? 피부에 문제가 있는가? 이런 증상이 악화될 때 무슨 일이 일어나는지 떠올려 보자. 허리가 아픈 건 직장에서 받는 스트레스 때문은 아닌가? 속이 뒤틀리는 건 통제할 수 없는 일로 불안하기 때문은 아닌가? 자가면역질환이 심해지는 건 괴로운 감정을 참고 있기 때문은 아닌가? 이런 신체적 문제를 겪을 때 당신이 처한 상황이나 감정 패턴이 무엇인지 잠시 돌이켜 보라.

신체 증상을 경험할 때 일어나는 일들에 공통된 주제가 있는가? 스트레스가 원인일까? 불편한 감정 때문에 이런 신체 반응을 보이는 걸까? 당신이 보이는 신체 증상이 혹시 억압된 분노에 대한 반응은 아닐까?

만성 통증이나 지속적인 신체 증상으로 힘들어하는 사람에게 통증의 원인이 심리적인 문제일 수 있다는 생각은 그 자체만으로 불편할 수 있다. 특히 대증(對症) 요법에 주로 의존하는 서양 문화권에서는 불편한 감정을 차단하기 위해 신체적 증상을 일으킨다는 개념을 받아들이기 어려울 수 있다. 신체적으로 힘들어하는 사람이 겪고 있는 고통이 용납되지 않는 감정에서 비롯될 수 있다는 생각은 그 사람에게 무례한 일이 될 수도 있다.

그러나 만성 통증에 시달릴 때 우리는 어떻게 해서라도 통증을 덜고자 한다. 통증을 덜려는 의지를 자연스레 이어 가며 마음을 열어 보라. 신체 통증 아래 숨겨진 진실에 호기심을 가져 보라. 그러면서 당신이 신체적으로 힘들어하는 부분을 참나가 도와줄 수 있다는 생각에 마음을 열어 보라. 내면가족체계 치료법이 스트레스에 대한 주관적인 경험을 완화할 뿐 아니라 스트레스 호르몬인 코르티솔의 농도를 낮춘다는 증거가 있다.[1]

나는 신체 통증과 증상이 당신의 모든 것을 집어삼키고, 소중한 시간을 빼앗고, 당신의 주의를 삶의 즐거움으로부터 다른 곳으로 돌린다는 사실을 잘 안다. 여기서 핵심 단어는 '주의를 돌린다'이다. 내면가족체계의 관점에서 볼 때, 당신 안의 보호자 부분이 하는 일은 당신의 주의를 추방된 감정(억압된 트라우마, 분노, 두려움, 수치심 등)으로부터 다른 곳으로 돌리는 것이다. 주의를 다른 곳으로 향하고 있는 한 근본 원인인 내면의 심리적 고통에 집중할 필요가 없어지기 때문이다.

당신이 겪고 있는 신체적 고통과 괴로움이 존재하지 '않는다'라는 의미가 아니다. 단지 그 밑바닥에 무엇이 있는지 더 깊이 들여다보길 바랄 뿐이다. 당신은 억압된 감정에 대해 몸으로 반응하고 있을 수 있다. 이것을 스트레스라고 한다. 추방된 느낌으로 감정이 자극받으면 우리 신경계는 싸우거나 도망가거나 얼어붙는 스트레스 반응으로 전환한다. 이런 스트레스 반응은 조용히 당신의 몸을 조절되지 않는 상태에 빠뜨려 허리 통증, 위장 문제 등 수많은 신체적 문제를 일으킬 수 있다. 뿐만 아니라 스트레스 반응은 염증과 긴장을 일으키고 소화계의 기능을 떨어뜨린다. 이런 스트레스 상태에 빠지면 실제로 의료적 치료가 필요한 신체 증상을 겪을 수 있다. 의학적 진단은 종종 통증이라는 불을 끄기 위해 약과 주사, 심지어 수술을 제안한다. 그러나 그 불은 일시적으로 사그라들 뿐 완전히 꺼지지 않는다. 통증을 비롯한 신체 증상에 대한 오늘날의 접근은 다음 질문에서 비롯한다. "어떻게 이 증상을 없앨까?" 대신 이렇게 생각해 보면 어떨까. "이 증상 뒤에 숨겨진 감정은 무엇일까?"

다시 말하지만, 나는 당신의 통증을 축소하거나 진단을 의심하거나 의사의 말을 듣지 말라고 권하는 게 아니다. 실제로 당신은 신체적으로 문제가 있을 수 있다. 다만 그 대처법이 지금까지 어떠했는지 묻고 싶다. 만약 '놀라울 만큼 좋았다'라는 답이 아니라면 단순히 신체 증상을 고치려 애쓰기보다 증상의 이면을 들여다보기로 선택할 수 있다. 신체 증상 이면에 존재하는 불편한 감정에 관심을 가짐으로써 신체에 가해지는 부담을 덜 수 있다. 당신의 몸이 떠맡은 보호자 역할을 알아볼 때 참나가 이끄는 길에 대한 의식이 열린다. 그렇게 신체 증상의 이면에 자리 잡은 문제, 즉 추방된 감정으로 인한 괴로움을 해소힐 수 있다.

주의분산 증후군

치료의 여정을 지나는 동안 나는 존 사노 박사의 가르침으로부터 도움을 받았다. 그는 『통증 혁명』이라는 책의 저자로서 TMS(긴장성 근신경증후군 또는 마음-몸 증후군) 개념을 만든 것으로 유명하다. 사노 박사의 연구 핵심은 통증의 근본 원인이 분노, 불안, 공포 등 억압된 감정에 대한 마음의 방어기제라는 점이다. 신체 통증과 만성 질환은 우리의 무의식에 있는 원치 않는 감정을 억압하는 역할을 한다. 통증에 주의를 집중하면 감정에 가 있던 초점이 다른 곳, 즉 통증으로 향하면서 추방된 감정을 억누른다는 것이다.

사노 박사에 따르면, 이런 무의식적 생각을 차단하기 위해 뇌는 허리와 목의 통증, 턱 긴장, 위장 문제, 자가면역질환 등의 신체 증상에 의식을 집중시킨다. 그가 '주의분산 증후군'이라 명명한 이 현상에서 뇌는 신체 통증에 집중함으로써 주의를 분산시켜 극심한 심리적 혼란으로부터 우리를 보호한다. 뇌가 통증에 집중하면 혈류가 차단되고 스트레스를 유발하며 염증이 증가한다. 이에 신체는 더 큰 긴장으로 반응하며 시간이 지남에 따라 통증과 증상은 악화된다. 우리가 신체 통증이나 달갑지 않은 신체 증상으로 고통받는 동안은 '고통스러운 증상'이라는 오직 하나의 초점만이 존재한다. 우리가 인지하든 그러지 못하든, 신체적 고통을 견디는 게 그 아래 숨겨진 추방된 감정과 마주하는 것보다 안전하다고 느끼는 것이다.

통증은 취약한 추방자 부분이 자극받을 때 일어나는 최전방의 반응이다. 통증은 위협과 피해를 인지했을 때 그에 대한 방어기제로 작용한다. 내면가족체계의 관점에서 보자면 신체 통증에 공감과 호기심 그리고 마음챙김으로 다가갈 때 통증 뒤에 숨겨진, 당신을 보호하려는 의도를 발견할 수 있다. 이런 부분들과 치유의 대화를 나누고 근본적인 감정적 고통을 해결함으로써 통증과의 관계를 변화시킬 수 있다. 신체의 보호자 부분에 호기심을 갖고 연민으로 연결하면 그것의 예민함이 한결 부드러워질 수 있다.

사노 박사는 신체 증상을 무시하지 말라고 강조한다. 그는 환자들이 새로운 관점을 받아들이는 동안에도 약을 끊지 말고 의사의 지침을 따를 것을 권한다. 나 역시 같은 생각이다. 나는 분명히 정신이 몸에 영향을 미치며 보호자 부분이 자신의 역할을 수행한다고 생각하지만, 여전히 의료 전문가를 신뢰하며 실제로 그들의 도움을 받고 있다. 이 장에서 논의하는 관점이 기존의 의학적 접근을 대체하는 건 아니며, 그것을 보완하고 지원하는 것임을 강조할 필요가 있다. 두 관점은 조화롭게 작용해 우리의 전체적인 안녕을 향상시킨다.

나의 경우, 과거의 억압된 트라우마 때문에 심각한 위상 문제가 발생했다. 위장의 통증이 심할 때는 의사의 도움을 받아야 할 정도였다. 의료적 치료는 일시적으로 통증을 덜어 주며 급한 불을 껐다. 그러나 근본적인 해결책은 아니었다. 억눌린 감정을 치유해야 했다.

내 인생에서 위장 문제가 가장 심각했던 때는 어린 시절의 억눌린 성적 트라우마가 떠오른 시기와 정확히 일치했다. 그 기억이 되살아나기 몇 달 전부터 위장은 완전히 엉망이었고 결국 위염 진단을 받았다. 위산이 위벽을 갉아먹듯 어릴 적 기억이 내 정신을 갉아먹고 있었다. 나는 오랫동안 감추려 애썼던 추방된 감정과 정면으로 마주해야 했다. 그 감정이 너무도 두려워서 위장이 어느 때보다 심하게 뒤집혔다. 밥을 먹을 때마다 극심한 통증이 일어났고, 위산 역류로 목소리를 잃을 만큼 심한 속쓰림에 시달렸다. 위장이 내 주의력의 대부분을 차지했다. 집중할 수 있는 건 오직 위장의 통증뿐이었다. 이유가 무엇이었을까? 의식 표면에 떠오른 추방된 감정에 집중하지 못하도록 통증이 나를 보호하고 있었던 것이다. 위장 통증은 끔찍한 감정적 고통에서 몸으로 주의를 돌렸다. 위장에서 일어난 불길은 억눌린 추방자 부분으로부터 나의 주의를 분산시키기 위한 장치였다.

나는 내면을 들여다보면서 스트레스와 두려움이 일어나거나 감정이 자극받을 때마다 위장 증상이 나타난다는 걸 알았다. PTSD 반응에 휩싸일 때마다 위장이 뒤틀렸고 모든 주의가 위장 통증에 집중되었다. 위장에 집착하는 건 자극받은 추방자로부터 몸으로 초점을 돌리는 효과적인 수단이었다. 그렇게 나의 위장은 보호자 역할을 하고 있었다.

위장 증상이 의식에 떠오른 기억으로부터 주의를 돌리려 애쓰는 동안 통증은 계속해서 나를 파괴하고 있었다. 나는 만성 질환에 대한 장기적 해결책을 찾아야 했다. 나는 몸을 치유하려면 내면의 트라우마를 먼저 치유해야 한다고 생각하고 거기에 몰두했다. 내면의 추방자 부분을 치유하는 여정에 전념함으로써 신체 통증으로부터 시선을 돌려 억압된 감정들(스트레스의 근본 원인)을 마주하고 그것을 다루기 시작했다. 이런 근본적인 전환으로 인해 증상을 완화하는 길이 열렸다.

자각이 첫걸음이다

내가 기억하는 한 늘 존재해 온 또 다른 보호자 부분이 있다. 그의 역할은 모든 일을 문제없는 상태로 유지하기 위해 지나치게 몸을 긴장시키며 조이는 것이다. 이는 만성적인 턱 긴장으로 나타났다. 지난 수십 년간 나는 밤낮을 가리지 않고 이를 악다물며 턱을 긴장시켰다. 결국 치아가 부러지고, 턱관절 장애가 생겼으며, 심지어 목소리에도 문제가 생겼다. 증상이 너무 심해서 더는 무시할 수 없는 지경에 이르렀다. 끊임없이 이를 악다무는 행동 아래에 무엇이 있는지 궁금했다. 마음을 열고 더 알아볼 필요가 있었다. 내면가족체계의 도움으로 나는 이를 악다무는 행동이 단순한 신체 증상이 아니라 나의 보호자 부분이라는 사실을 알게 되었다. 항상 존재했던 턱 긴장은 말없이 지속되며 자기만의 방식으로 나를 보호하고 있었다.

나는 안정을 되찾기 위해 턱에 관심을 보내기로 했다. 그것을 무시하지 않고 살펴보기로 한 것이다. '턱이 긴장해 있어. 이가 부러질 정도로 심해. 꽉 조이는 느낌이 고통스러워. 한편으론 슬프기도 해.' 나는 슬픔에 다가갔다. '그 슬픔에 대해 나는 무엇을 알고 있지? 꽉 조이지 않으면 안전하지 않다고 믿고 있어.' 계속해서 호기심을 갖자 턱 긴장이 말하는 소리가 들렸다. '나는 겁에 질렸어. 난 아직 어리단 말이야. 너무 무서워. 내려놓기 싫어.' 나는 긴장한 턱에게 물었다.

"네게 필요한 게 뭐니?"

"나를 보호해야 해!"

턱 긴장과 처음으로 나눈 대화에서, 나는 보호자 부분과 뒤섞여 있었음에도 참나의 에너지가 흘러나오는 걸 언뜻 엿보았다.

마음이 조금 편안해졌다. 그저 신체 증상에 주의를 집중하면서 그것을 보호자 부분으로 바라보자 증상이 누그러졌다. 난생처음으로 나는 턱 긴장이 하는 말에 귀를 기울였고, 그것이 왜 그렇게 열심히 일하는지 알 수 있었다. 나는 턱 긴장을 신체 증상으로 규정하기보다 내 안에 존재하는 여러 부분 가운데 하나로 보기로 했다. 무시하거나 밀어내지 않고 함께 있기로 했다. 그러자 내 안의 보호자 부분이 안전을 유지하려고 필사적으로 애쓰는 어린 소녀처럼 느껴졌다. 그녀는 다른 방법이 없다고 생각했다. 나는 그녀가 슬픔을 나눌 수 있는 편안한 공간을 마련해 주었다. 흐르는 눈물을 그대로 두었다.

턱의 긴장을 보호자 부분으로 보기로 한 선택과 용기는 새롭고 명료한 시각과 함께 미묘한 안도감을 선사했다. 그 작은 안도감만으로 참나가 스스로를 돕는 여정을 시작하기에 충분했다. 이 과정의 목표는 턱 긴장을 일으키는 보호자를 억지로 끌어내리는 게 아니라 신체적 긴장이 억눌린 슬픔과 두려움, 분노에 대한 정신적-신체적 반응임을 받아들이는 데 있었다. 턱 긴장은 증상이 아니라 보호자였다. 이 깨달음은 나에게 연민의 에너지와 명료함을 선사했다. 턱이 나를 안전하게 지키려고 지금까지 얼마나 노력했는지 알 수 있었다.

통증 아래 숨겨진 감정

2020년 코로나19 팬데믹 기간 동안 많은 사람이 그랬듯이 내 안의 추방자와 보호자 부분 역시 자극을 받았다. 특히 나는 턱을 많이 긴장시키고 있었다. 당시 스트레스 때문에 몸이 긴장하고 있음을 알아차린 나는 긴장 뒤에 숨은 감정에 귀를 기울이기로 했다. 1년간 꾸준히 일기를 쓰면서 통증 아래에 숨겨진 분노를 비롯한 감정들을 들여다보았다. 나는 일기 쓰기를 '종이 위의 분노'라고 불렀다. 뇌의 양쪽 기능을 활성화하는 스테레오 음악을 들으면서 글을 쓰는 동안 나는 버거운 감정을 처리했다. 20분 동안 종이 위에 분노를 쏟아 낸 뒤 20분간 명상을 했다.

이 연습에 전념하자 마음이 편안해졌다. 매일 조금씩 턱 긴장과 함께 시간을 보내면서 통증이 말할 수 있도록 공간을 마련했다. 통증이 모든 걸 여과 없이 쏟아 내도록 허락했다. 종이 위에 감정을 풀어놓으면서 무의식 속 두려움과 분노, 불안이 의식 표면으로 떠올라 목소리를 내게 했다. 그 목소리를 참나가 받아 주었다. 1년에 걸친 이 과정은 턱 통증이 자신의 요구를 말하고 내려놓고 다시 처리하는 심오한 기회였다.

내면의 보호자 부분을 제대로 치유하려면 그것과 참나 사이의 신뢰 관계가 반드시 필요하다. 매일 글로써 분노를 표현하는 게 편안하다고 느끼더라도 여전히 보호자 부분은 모든 걸 내려놓기에 안전하다고 믿지 못할 수 있다. 이 장을 쓰는 동안에도 나는 턱의 통증을 느끼고 있다. 통증 아래에 깔린 슬픔과 분노가 느껴진다. 동시에 이 감정들을 억누르고 싶은 충동도 일어난다. 턱의 긴장 아래에서 오래된 수치심과 두려움이 소리치고 있다. 유일한 해결책은 참나의 도움을 받는 것이다.

솔직히 말해 위장을 비롯한 다른 신체 증상이 크게 호전되는 와중에도 턱 긴장은 그대로였다. 턱 긴장은 지금도 나의 내면 시스템에서 보호자 역할을 하고 있다. 참나가 도움을 주려고 나설수록 턱 긴장은 나를 보호하려고 더 애를 쓴다. 턱은 위험이 닥칠 수도 있음을 예견하면서 한쪽 눈을 뜬 채 지금도 내 뒤에서 작용하고 있는 말 없는 보호자다. 이것은 나의 최후 보루다. 나는 턱의 긴장이 보호자 부분임을 분명히 알 수 있다. 다만 아직 드러낼 준비가 안 되어 단단히 붙들고 있는 그것을 존중한다. 턱의 긴장은 아직 치유해야 할 게 남아 있음을, 그리고 아직은 참나에 대한 신뢰가 부족함을 알리는 내 몸의 신호다.

턱의 긴장을 인도하는 힘으로 받아들이면, 무시하기보다 매일 그것을 살펴볼 기회가 생긴다. 이 장을 쓰는 지금도 나는 의도적으로 턱에 집중하며 그것에 담긴 긴장과 근원적인 슬픔을 알아본다. '슬픔'은 내 안을 들여다볼 때마다 반복적으로 만나는 단어다. 내가 직면하기에 너무도 힘든, 용납될 수 없는 이 감정 앞에서 턱은 말 그대로 굳어 버린다.

그러나 지금 이 순간 나는 턱의 긴장에 대해 글을 쓰면서 슬픔이라는 감정을 들여다보고 있다. 동시에 어린 시절의 나에게 깊은 연민을 느낀다. 그 시절의 나는 공포와 분노, 상상하기 힘든 슬픔으로부터 나를 지키려고 부단히 애를 썼다. 그것은 내가 사랑받지 못한다는, 돌봄받지 못한다는, 부족한 존재라는 생각에서 비롯된 슬픔이다. 어린 시절의 순수함을 잃은 데서 비롯된 슬픔이자 과거의 가혹한 진실과 마주하는 슬픔이다. 이 슬픔을 풀어내자 턱의 긴장이 풀리는 게 느껴진다. 미세한 떨림이 온몸을 스치고 얼굴의 근육이 완전히 이완된다. 참나가 모습을 드러내고 있다.

이렇게까지 편해지리라곤 예상하지 못했는데, 이 글을 쓰는 것만으로 슬픔이 목소리를 낼 수 있었고 참나의 에너지가 앞에 나설 수 있었다. 지금껏 나는 보호자 부분 아래에 슬픔이 깔려 있다는 사실조차 몰랐다. 글쓰기를 통해 그것이 자유롭게 내 의식에 들어와 자신이 그토록 열심히 일해 온 이유를 털어놓았다. 그 부분은 말로 표현하기 힘든 과거의 슬픔을 덮어 가리고 있었다.

참나와의 연결은 선물처럼 다가왔다. 나는 처음부터 그 진실을 드러내려는 계획을 세우지 않았다. 다만 턱이 긴장하고 있음을 알아보는 공간을 마련했을 뿐이다. 글쓰기를 통해 연민의 마음으로 턱의 긴장과 연결하자 그것은 겨우 억누르고 있던 것을 풀어냈다. 글쓰기의 창조적 과정을 통해 명료함과 연민의 마음이 드러날 공간이 마련된 것이다. 글쓰기는 내 몸이 붙잡고 있던 것을 바깥으로 드러냈다. 이제 당신이 글을 쓸 차례다.

내면 점검: 통증 들여다보기

나는 자유롭게 종이 위에 글을 쓸 때 내면 부분들이 진실을 드러내고 참나가 들어설 심오한 통로가 만들어진다는 사실을 깨달았다. 4장에 소개한 글쓰기 방법을 바탕으로 당신만의 글쓰기를 통해 참나 에너지의 안내를 받아 보라. 고통과 괴로움의 근본 원인인 신체의 보호자와 열린 마음으로 연결될 수 있다면 여기에 제시하는 안내를 따르면 된다. 만약 신체 증상을 심인성 질환으로 보는 게 어떤 이유로든 불편한 감정을 자극하거나 버겁다고 느껴진다면, 그 느낌을 믿고 나중에 시도해 봐도 좋다.

이 연습은 신체 통증과 관련된 내면의 보호자 부분들과 나누는 대화다. 부드러운 탐구와 참나가 이끄는 자기 성찰을 통해 당신이 직면하기 꺼리는 근원적인 감정과 신념, 기억을 발견할 수 있다. 열린 마음, 인내심, 존중의 태도로 보호자 부분을 향해 다가가 그들이 자신을 온전히 표현하도록 하는 게 중요하다.

안내에 따라 몸 상태를 들여다보라. 존재하는 어떤 통증에 대해서도 연민과 호기심 어린 태도를 가진다. 몸에게 말할 공간을 주면 그것은 많은 것을 드러낸다. 몸을 적대시하거나 치유하고 극복해야 할 신체 증상으로 보는 대신, 그 존재를 인정하고 목적을 이해하려 할 때 신체 통증과 증상에 공감하며 거기에 다가가는 연습을 할 수 있다.

먼저 지금 당신의 삶에 나타나고 있는 지속적인 신체적 통증이나 염증성 질환을 살펴본다. 안전하다고 느껴지면 그 상태를 들여다보기로 선택한다. 이제 호기심을 갖고 신체 통증에 주의와 현존을 가져간다. 그 부분에게 이렇게 물어본다.

- 얼마나 오래 나와 함께해 왔니?
- 드러내고 싶은 감정이나 감각이 있니?
- 나누고 싶은 생각이 있니?
- 표현하고 싶은 이미지나 이야기가 있니?

조금 더 관심을 기울이면서, 그 부분이 앞으로 나올 수 있도록 공간을 마련해 준다. 당신은 그 부분에 대해 무엇을 더 알고 싶은가? 그 부분과 연결되었다고 느낄 때까지 계속해서 호기심을 갖고 공간을 만들어 간다.

다음으로 그 부분을 더 깊이 들여다보면서 그것이 당신에게 무엇을 필요로 하는지 물어본다. 그 부분이 종이에 자유롭게 자신을 표현하도록, 모든 걸 풀어내도록 격려한다. 이는 종이 위에 감정을 풀어냄으로써 해묵은 감정을 해소할 좋은 기회다. 노트를 펼쳐 마음이 편안해질 때까지 글을 쓴다.

충분히 썼으면 이제 눈을 감고 그 부분과 함께 호흡한다. 참나의 현존이 자연스럽게 흘러들도록 허용한다. 참나와 연결되어 있다고 믿는다. 이렇게 열린 상태에서 당신은 참나의 에너지에 확실히 다가갈 수 있다. 참나의 특성이 떠오른다면 거기에 숨을 불어넣으며 그 감정을 통해 흘러드는 참나의 에너지를 느껴 본다. 아래의 명상 안내문을 따라 참나의 에너지가 더 커지도록 허용한다.

● ● ● ● ● ●

[참고: 이 명상을 하는 동안에는 호흡에 주의를 기울인다. 숨을 들이쉴 때 횡격막을 확장하고 내쉴 때 이완한다. 이 호흡법은 숨이 얕아지지 않도록 도와주어 편안함을 가져다준다.]

긴장해 있거나 통증과 불쾌함이 느껴지는 신체 감각이 있다면 그곳에 숨을 불어넣습니다.
숨을 내쉽니다.
숨을 들이쉬면서 그 부위의 감각을 알아차립니다.
그 감각에 숨을 불어넣습니다.
받아들임의 에너지로 숨을 내쉽니다.
해당 신체 부위에 숨을 불어넣으면서 그 부위의 긴장과 함께 머물러 봅니다.

통증이라는 이름의 보호자

숨을 내쉽니다.

숨을 들이쉬고 내쉬는 동안 평온한 에너지가 통증을 감싸는 모습을 상상해 봅니다.

계속해서 부드럽게 호흡하면서 신체 부위를 편안하게 이완합니다.

숨을 들이쉬며 몸의 감각을 느껴 봅니다.

숨을 내쉽니다.

마음속에 떠오르는 어떤 모습과 이미지라도 있는 그대로 받아들입니다. 평온하게 연결된 상태를 기꺼이 받아들여 봅니다.

숨을 들이쉴 때 스며드는 평온함을 느껴 봅니다.

더 큰 받아들임과 안도의 숨을 내쉬어 봅니다.

새롭게 발견한 명료함을 온전히 받아들이면서 숨을 들이쉽니다.

숨을 내쉽니다.

호기심의 감각을 들이쉬어 봅니다.

숨을 내쉽니다.

숨을 들이쉬며 연결의 감각을 느껴 봅니다.

숨을 내쉽니다.

숨을 들이쉬며 연민의 마음을 일으켜 봅니다.

숨을 내쉽니다.

셀프 헬프

숨을 들이쉬며 창조적 감각을 일으켜 봅니다.

숨을 내쉽니다.

숨을 들이쉬며 확신이라는 열린 마음의 공간을 만
들어 봅니다.

숨을 내쉽니다.

숨을 들이쉬며 깊은 확신의 감각을 가져 봅니다.

숨을 내쉽니다.

내면에서 일어나는 참나의 특성을 살펴봅니다.

그 느낌에 숨을 불어넣습니다.

참나의 특성과 함께 잠시 머물러 봅니다.

참나의 에너지와 연결된 느낌을 음미해 봅니다.

참나가 더 커지도록 허용합니다.

• • • • • •

이 연습을 통해 몸과 통증을 바라보는 완전히 새로운 시각이 생겨
나길 바란다. 당신을 보호하려는 의도에서 통증이 비롯된다는 사
실을 단순히 인지하는 것만으로도 자신의 몸과 더 큰 연민의 마음
으로 관계를 맺을 수 있다. 더 깊이 들여다보며 다음 질문으로 그
과정을 돌아본다.

• 연민의 마음으로 통증과 함께함을 느낄 수 있는가?

- 판단 없이 통증을 관찰하며, 내면에서 일어나는 감 각과 감정을 알아차릴 수 있는가?
- 내면의 참나를 느낄 수 있는가?
- 이 연습이 절망감을 더는 데 도움이 되었는가?

이제 몸에서 어떤 감정이 느껴지는지 관찰한다.

신체의 보호자 부분과 연결되는 과정을 통해 그 부분을 알아보고 받아들이면 참나가 열리는 기회가 생긴다. 이해와 연민의 마음을 키우는 과정에서 당신은 통증의 근본 원인을 다루는 심오한 치유의 여정을 시작하게 된다. 자신을 보호해야 할 필요가 줄어들면서 신체 증상이 감소하거나 사라진다. 그러나 통증이 줄어드는 경험을 하더라도 이에 대해 판단하거나 섣부른 결론을 내려서는 안 된다. 다른 보호자 부분이 나타나 예전의 진단으로 돌아가거나 통증이 사라지지 않는 이유를 댈 수 있기 때문이다. 저항이 일어나면 거기에 주의를 기울이면서 그들에게 물러나 달라고 부드럽게 요청한다. 이런 일이 실제로 가능함을 온몸으로 받아들이기 위해 자신에게 충분한 시간을 허락한다. 이렇게 진정으로 통증을 완화하는 데 전념한다면, 거기에서 오는 안도감이 주도권을 쥐어 당신의 새로운 일상이 될 것이다.

신체 부위에게 말할 공간을 마련해 주면 통증을 덜 수 있다.

그 이완 상태로 숨을 불어넣으면 참나가 신체적으로 조정을 이룰 수 있다. 이렇게 안도감을 경험할 때 자유와 힘이 생긴다. 이런 변화를 한 번이라도 경험했다면 당신은 더 이상 통증에 대해 무력감을 느끼지 않을 것이다. 해방감과 함께 더 큰 편안함이 찾아올 것이다.

신체적 통증을 당신의 보호자 부분으로 볼 수 있다면 이제 마음이 조금 편안해졌을 것이다. 그러나 또 다른 보호자 부분이 언제라도 통증과 함께 나타나 당신의 깊은 감정을 드러내지 못하게 막을 수 있다. 어떻든 지금 우리는 과정에 있음을 기억하라. 다음번에 신체적 통증이나 증상이 나타날 때는 그것을 밀쳐 내거나 스트레스를 받거나 억누르거나 마비시키는 대신, 다만 그것을 들여다보라. 몸에게 말할 기회를 주어라. 당신이 알아야 할 게 있다면 무엇이든 드러나게 하라. 신체 부위에게 말할 공간을 마련해 주면 그것들은 자유롭게 자신을 드러내면서 참된 통찰을 전한다. 당신이 모든 것을 해결해야 하는 건 아니다. 그러기보다 내면 부분에게 물어보라.

자기 내면에 대한 진지한 호기심, 그것을 들여다보려는 의지는 인간이 가진 가장 훌륭한 자기계발 도구다. 신체적 감각을 억누르거나 거기에 매몰되기보다 그것이 무엇을 필요로 하는지 묻고 그들이 들려주는 말에 귀 기울여 보라. 몸은 내면세계가 드러내고자 하는 걸 더 깊이 알게 하는 안내자가 될 수 있다.

변화에 몸과 마음을 열다

최근 건강검진에서 나는 기적 같은 순간을 경험했다. 의사에게 나의 상태를 말했다. "아직은 턱이 계속 불편해요. 깊은 감정 치유가 진행 중이라는 신호 같아요. 내면에서 강한 안전감과 회복력을 느끼기 때문일까요, 위장은 좋아졌어요. 기운이 나요. 몸을 나의 안내자로 존중하고 있어요." 의사는 환한 미소를 지으며 내게 말했다. "모든 환자가 당신처럼 자신의 몸에 깊은 연민과 연결감을 갖는다면 얼마나 좋을까요."

내면가족체계의 기초 원리와 내면 점검 과정을 통해 우리는 신체의 보호자 부분과 연민으로 연결될 수 있다. 신체적 통증을 보호자 부분으로 인정하고 그것을 들여다보는 과정은 내면과 외면의 변화에 마음을 활짝 열어 준다. 그럴 때 당신은 더 이상 자신을 신체적 통증의 희생자라 여기지 않고 통증을 이해하는 새로운 방식을 얻게 된다.

현명한 내면의 치유자

나는 이 장을 남편 자크에게 보여 주면서 그가 자신의 허리 통증에 관심을 가질까 내심 기대했다. 사실 나는 남편이 약간의 호기심만 가져도 참나의 도움으로 자신의 통증을 이해하고 완화할 수 있으리라 믿었다. 내 생각이 옳았다. 이 장의 내용을 받아들이는 과정에서 남편은 자각의 씨앗을 심었다. 그때부터 허리 통증을 알아차릴 때마다 남편은 통증이라는 신체 감각에만 계속 머물지 않기로 의식적인 선택을 내렸다. 대신 내면 점검 과정을 통해 그 순간 자신의 느낌을 살펴보기로 했다. 통증이 일어날 때마다 그것은 연결의 기회가 되었다. 즉, 통증 아래에 있는 감정적 스트레스나 고통을 살필 수 있게 된 것이다. 놀랍게도 이 연습을 단 몇 분간만 지속해도 남편의 통증이 꽤 호전되곤 했다.

이런 식으로 통증이 완화되는 일이 당신에게도 일어날 수 있다. 이 연습은 참나가 신체적 평화를 향한 길로 당신을 이끌 힘을 가지고 있다. 참나의 도움으로 당신의 몸은 신체 통증과 조화로운 관계를 맺을 수 있다. 나아가 당신의 안녕과 감정 회복탄력성, 전체성의 감각을 증가시킬 수 있다. 당신의 내면에 언제나 현명한 치유자가 존재한다는 사실을 명심하라. 이 새로운 인식으로 당신의 통증이 완화되길 기원한다.

9장

나를 지키는
극단주의자들

지난해 나는 스물여덟 살의 활기 넘치는 여성이 진행하는 팟캐스트에 출연했다. 로우라이즈 청바지(배꼽 아래로 내려 입는 청바지)와 탄탄한 복근이 드러나는 티셔츠를 입고 내 옆에 앉은 그녀는 신나게 대화를 시작했다. 나는 침착함을 유지하기가 쉽지 않았다. 스튜디오 조명이 눈부셨고 옆에 있던 조수는 계속 키보드를 두드리고 있었다. 그러던 중 진행자가 자신의 음식 중독과 해결되지 못한 PTSD, 불안에 관한 힘들었던 경험을 이야기했다. 그 순간 우리 두 사람은 즉시 연결되었다. 우리는 눈을 마주쳤고 서로를 향한 연민의 마음이 밀려왔다. 조명과 소음이 사라지고, 내가 본 것은 오직 그녀 안에 비친 내 모습뿐이었다. 마치 젊은 시절의 내 모습을 보는 것 같았다. 두려워하는 그녀 내면의 모든 부분이 바로 내 앞에 앉아 있었다. 그 부분들은 통제권을 내려놓길 두려워하고, 끊임없는 불안에 쫓기며, 간절히 해결책을 찾고 있었다.

"개비, 오늘 유독 평온해 보여요." 진행자는 진심 어린 호기심으로 내게 물었다. "오늘 내 안의 모든 부분을 사랑하기에 평화로운 것 같아요." 진행자는 나의 대답에 놀란 듯 질문을 이어 갔다. 그녀는 해결되지 않은 자신의 중독 패턴에 대한 답을 찾고 있었다. 이후 40분 동안 나는 스물다섯 살의 나를 앞에 두고 내 인생의 중요한 시기에 받길 원했던 조언을 건넸다.

솔직한 대화를 나누는 과정에서 진행자는 자신의 음식 중독이 개인적인 문제가 아니라 그녀 안의 보호자 부분이 한 일임을 알게 되었다. 그들은 그녀의 어린 시절 허용되지 않았던 감정의 불을 끄는 소방관이었다. 그녀가 자신의 어릴 적 해결되지 않은 트라우마와 스트레스에 대해 말할 때, 나는 그녀의 과식하는 습관이 어린 시절 추방된 감정을 통제하는 방식일 수 있다는 데 생각이 미쳤다. 우리의 대화는 그녀가 새로운 시각(연민의 시각)으로 중독을 바라볼 기회를 주었다. 그녀는 자신을 과거와 직면하지 않게 하려고 중독에 빠져 버린 이 소방관이 얼마나 열심히 일해 왔는지 깨달았다.

또 그녀는 자신이 일중독과 강박적인 운동으로 힘들어하고 있다는 사실도 털어놓았다. 나는 이런 행동이 어릴 적 상처받은 부분을 억누르기 위해 애쓰는 또 다른 유형의 보호자라는 점을 인지시켰다. 일중독과 강박적인 운동이라는 보호자는 '사회적으로 용인되는' 행동으로 종종 칭찬받기도 하지만, 그럼에도 그것이 극단적인 소방관이라는 사실에는 변함이 없다.

대화가 마무리될 무렵, 나는 그녀가 잠시 내면 부분들에 대한 집착을 내려놓고 그것의 강한 패턴을 연민의 시선으로 바라보고 있음을 알아차렸다. 이 한 번의 대화로 수십 년 동안 겪은 고통이 단번에 해소된 건 아니지만 그녀가 내면의 참나 에너지에 의해 명료함을 얻는 순간이었다. 그 명료함이 그녀에게 중독에 대한 새로운 시각을 선사했다. 그것은 전에는 상상조차 할 수 없었던 연민에 찬 이해였다. 이 새로운 시각은 참나의 빛을 비추었고 이는 내면의 변화를 일으키기에 충분했다.

　나는 당신에게도 이런 명료함을 선사하고 싶다. 당신이 자신의 극단저이고 중독적인 보호자 부분을 새로운 시각으로 바라보고, 그것의 진정한 정체를 알아볼 수 있게 돕고자 한다. 여기서 진정한 정체란 다름 아닌 소방관을 말한다.

탁월한 주의 분산자

소방관은 우리 내면의 가장 충동적인 보호 본능으로 감정의 불길이 걷잡을 수 없이 커질 때 행동에 돌입한다. 내면의 관리자 부분이 더 이상 감정의 불길을 감당하지 못할 때, 감정이 크게 자극받아 극단적인 수단을 써서라도 고통스러운 감정을 마비시키려 할 때, 이때 소방관이 등장한다. 소방관은 폭식, 알코올 중독, 공의존, 도박, 분노, 심지어 자살 충동에 이르기까지 극단적이고 중독적인 행동으로 자신의 모습을 드러낸다. 소방관 부분은 허용되지 않는 우리의 감정 밸브를 차단해 고통을 마비시키는 나름의 효과적인 방법을 가지고 있다. 그들은 탁월한 주의 분산자로 다른 방법이 모두 통하지 않을 때 개입해서 어떻게든 추방자 부분의 불길을 끄려 한다.

　우리는 내면의 소방관 부분이 제공하는 보호 기제에 깊이 얽

매여 그것에 의존하게 될 수 있다. 심지어 그 보호 기제를 그동안 숨겨 온 버거운 감정으로부터 자신을 지키는 유일한 해결책으로 여길 수도 있다. 소방관에게 압도당하면 참나의 에너지가 추방자로부터 벗어나려는 갈망에 가려지고 만다. 우리는 언제든 선택의 힘을 가지고 있음을 기억해야 하지만, 이런 순간에 참나는 우리의 보호자 부분에 가려져 보이지 않는다.

소방관은 파괴적이며 모든 것을 집어삼킨다. 나의 바람은 당신이 소방관 부분을 지금까지와는 다른 시각으로 바라보고, 그것이 가진 동기를 이해하는 것이다. 소방관들은 당신을 보호하려는 의도에서 행동한다. 그들의 의도는 과거의 금기시된 고통으로부터 우리를 지키는 것이다. 우리가 마음과 정신을 열어 참나의 렌즈를 통해 소방관을 바라볼 때 그들을 향한 따뜻한 시각을 가질 수 있다. 그들을 비난하고 수치스럽게 여기기보다 마음을 열고 참나가 드러나도록 허용할 수 있다. 이런 접근 방식은 자기 수용과 장기적 치유로 이어지는 강력한 길을 열어 준다.

이 장에서는 극단적이고 중독적이며 분리된 보호자들, 즉 당신 안의 소방관 부분에 대해 알아본다. 이 극단적인 부분들의 복잡성을 벗겨 내고, 그들의 핵심 욕구인 안전감을 향한 끝없는 추구라는 단순함을 통해 그들을 바라본다. 이것은 사랑의 렌즈, 즉 참나의 렌즈로 바라보는 과정이자 더 깊은 치유로 이끄는 인식의 전환이다.

고통을 견디는 최후의 수단

이 장의 목적은 소방관들의 진정한 보호 목적, 즉 아직 미주할 준비가 되지 않은 추방된 상처로부터 그들이 당신을 보호하려는 의도를 알아보는 데 있다. 예를 들어, 내 안의 극단적인 소방관 부분 중에는 '분리'가 있다. 세상으로부터 거리를 두고, 감각이 무뎌지며, 몸을 떠나는 걸 말한다. 내가 기억하는 한 이 부분은 오래전부터 항상 내 곁에 있었다. 어린 시절 안전하지 않은 현실을 감당하기 버거울 때 나의 감각을 마비시키는 데 도움을 주었다. 나는 치료를 받는 도중에 분리 때문에 잠이 들어 의식 표면에 떠오를 준비가 되지 않은 추방자 부분을 차단하기도 했다. 소방관 부분이 트라우마와 극심한 스트레스 상황에서 내게 귀중한 도움을 주는 걸 분명히 느꼈다.

강력한 보호자인 분리는 실제로 나의 억압된 트라우마 기억을 30년 넘게 의식으로부터 차단시켜 주었다. 앞서 말했듯이 서른여섯 살, 금주를 한 지 10년이 되어서야 구체적인 트라우마 사건을 떠올릴 수 있었다. 이 기억의 출현은 내게 불안의 크기만큼 큰 깨달음을 주었다. 나는 30년 동안 고통과 중독, 불안, 아픔의 원인을 알지 못한 채 살아왔다. 내 안의 분리 부분은 그 기억을 무의식 깊숙한 곳에 묻어 버리고는 상처 입은 나의 일부를 계속해서 추방 상태에 두려고 중독과 통제, 불안 등의 외부 메커니즘을 찾아 헤

맸다. 치료사에게 이런 이야기를 털어놓자, 그녀는 이제 내가 그 기억을 떠올려도 안전하다고 느끼기에 그것이 떠오른 것이라고 말했다. 그전까지 나는 10년 동안의 금주와 내면가족체계 치료를 비롯한 다양한 개인적 성장 작업을 통해 튼튼한 치료 기반을 다지고 있었다. 그동안 키워 온 내면의 안전감 덕분에 무의식으로 추방된 부분들이 꿈을 통해 드러날 수 있었다.

트라우마 사건이 떠오른 건 내 인생에서 가장 무서운 경험 중 하나였다. 그것은 추방자 부분이 느끼는 극도의 감정으로 나를 되돌려 보냈다. 이를 알게 된 나는 집에 틀어박힌 채 사회적 교류를 피했다. 넷플릭스에 빠져 두 달 동안 〈스캔들〉의 모든 시즌을 하나도 빼놓지 않고 다 봤다. 나도 모르는 사이에 이 드라마의 자신감 넘치고 용감한 여성 주인공 올리비아 포프가 내게 희망을 심어 줬다. 뿐만 아니라 그녀는 과거의 힘겨운 고통을 견디는 수단이 되어 주었다. 드라마 몰아 보기라는 중독은 당시 나를 지켜 주는 보호자로서 감각을 마비시키는 방법이었다.

칭찬에 가려진 중독 패턴

소방관 부분에는 위험 정도에 차이가 있다. 일상 활동과 관련해 그리 위험도가 높지 않은 소방관 패턴이 있다. 소셜미디어, 스크린 타임, 과도한 당분 섭취, 게임, 스포츠, 운동, 수다, 수면, 가벼운 연애, 쇼핑 같은 것이다. 예를 들어, 내가 분리를 위해 〈스캔들〉 드라미를 몰아 보았던 건 고통을 마비시키려고 술을 마심으로써 10년간의 금주를 망치는 일보다는 덜 위험한 행동이었다. 그럼에도 버거운 감정의 불길을 끄기 위해 드라마를 몰아 본 건 엄연히 소방관 패턴이라 할 수 있다. 한편 위험도가 높은 소방관 패턴에는 약물 남용, 알코올 중독, 성 중독, 도박, 과소비, 섭식 장애, 감정적 식사, 자해, 자살 충동, 폭력 등이 있다. 그러나 극단성의 정도와 상관없이 소방관 부분의 의도는 동일하다. 견딜 수 없는 추방된 감정을 마비시키고 불을 끄는 것이다.

사회적으로 용인되는 소방관 유형도 존재하는데, 이는 식별하기가 더 어려울 수 있다. 주변 사람을 기쁘게 하는 것, 일중독, 과도한 성취욕 등이 이에 해당한다. 오랫동안 내 삶을 지배해 온, 사회적으로 용인되는 소방관 부분 중 하나는 일중독이었다. 이것은 내가 약물을 끊고 일중독으로 급속히 전환하면서 발달했다(일중독은 참나와 연결되지 못할 때 소방관들이 흔히 보이는 중독 전략이다1).

나는 일에 전념함으로써 엄청난 기쁨을 느꼈고 많은 사람에게 도움을 주었다. 그러나 일은 내 안의 추방되고 분열된 어릴 적 트라우마를 무감각하게 만드는 극단적인 수단이기도 했다. 일과 삶의 균형이 완전히 무너져 통제 불능 상태로 빠져들면서 몸의 건강이 악화되고 급기야 신경 쇠약마저 겪었다. 마침내 나는 칭찬

셀프 헬프

받을 만한 '근면성실함'이 실은 중독 패턴이라는 사실을 받아들였다. 이런 깨달음에 이르기까지 몇 년이 걸렸다. 어쨌든 나는 그간의 성공과 성취로 주변의 칭찬을 받아 온 사람이었으니까.

이 점을 지적하는 게 중요한 이유는 사회적으로 인정받는 우리 안의 소방관 부분을 알아보기가 쉽지 않기 때문이다. 예를 들어, 끊임없이 전자 화면을 들여다보는 10대 자녀를 보며 부모가 대수롭지 않다는 듯 이렇게 말한다면 어떨까. "저때는 원래 다 저래." 그럴 때 부모는 아이의 마음 깊이 존재하는 우울감을 보지 못할 수 있다. 혹은 당신은 자신의 안녕을 희생해 가며 타인을 위해 헌신하는 모습으로 주변의 칭찬을 받을 수도 있다. 이처럼 내면의 강력한 소방관이 24시간 경계 태세를 유지하는 건 반드시 중독자에만 해당되는 이야기가 아니다.

트라우마는 내적 사건이다

당신 안의 부분들을 목격하는 일조차 버겁게 느껴진다면, 이 장을 읽되 실천 연습은 하지 않아도 좋다. 이 장을 읽는 도중에 압도되거나 감정이 자극받는다면 내면가족체계 치료의 도움을 받길 바란다. 아직 드러날 준비가 되지 않은 내면을 강제로 드러낼 필요는 없다.

나는 당신 안의 소방관을 연민의 마음으로 알아보도록 안내할 것이다. 처음에는 불편한 감정이 일어날 수 있다. 당신은 여전히 자신의 중독과 파괴적 행동을 받아들일 수 없다고 느낄 수 있다. 심지어 그것은 연민을 베풀 대상이 아니라고 생각할 수도 있다. 그런 저항감을 충분히 이해한다. 억지로 이 관점을 받아들일 필요는 없다. 나는 그저 당신이 내면의 소방관들과 그들의 핵심 의도를 알길 바랄 뿐이다. 소방관의 극단적인 패턴을 치유하는 길은 판단이나 강압이 아닌 연민을 담은 연결을 통해서만 열린다. 그들의 숨은 동기를 이해하면 통제 대신 연민의 가능성이 열린다.

소방관은 흔히 중독 부분으로 나타나는데, 대개 극도로 방어적인 태도를 취한다. 이런 극단적인 중독 부분은 내면의 다른 부분들이나 주변 세계로부터 늘 판단을 당하고 수치심을 느끼며 살아왔다. 이렇듯 소방관 부분은 보호자 역할과 깊이 얽혀 있어 참나와 연결되기가 쉽지 않다. 소방관 부분은 추방자들을 반드시 통제해야 한다는 믿음으로 살아간다. 그들은 자극받은 감정의 불을 꺼뜨릴 수만 있다면 무슨 일이든 한다. 소방관은 자신의 행동에 수치심을 느끼며 종종 스스로를 질책한다. 또 외부의 비난에 맞닥뜨린다. 예를 들어 계속해서 동일한 중독 패턴에 빠지는 알코올 중독자 부분이나, 건강하지 못한 관계를 위해 자신의 안녕을 희생하는 극단적인 공의존 부분이 그렇다. 이들은 파괴적이라는 이유로 외부세계로부터 수치심을 받으며, 내적으로는 다른 비판적인

셀프 헬프

보호자들의 비난을 받는다. 이로써 소방관은 수치심과 비난의 악순환에 갇히고 만다.

나는 개인적인 경험으로 극단적인 중독에 빠진 소방관에게 덮치는 수치심이 어떤 것인지를 잘 안다. 20대 초반 술을 끊기 전, 나는 연애에 심하게 중독돼 있었다. 내면에서 구하지 못한 안정감을 바깥에서 찾으려고 이 남자에서 저 남자로 옮겨 다녔다. 나에게 혼자 남는 두려움은 죽음에 대한 공포와 마찬가지였다. 그때는 정말 그랬다. 나의 공의존적 소방관 부분은 혼자 있는 걸 극도로 두려워해서 나의 안녕과 행복을 희생해 가며 연애에 매달렸다.

그 무렵 오랜 친구가 나의 공의존성을 가리키며 말했다. "넌 절대 혼자 못 지내, 개비. 고등학교 때부터 그랬어." 그 말에 수치심이 밀려왔고 그날 이후 더 이상 남자를 사귀지 않겠다고 속으로 다짐했다. 그런데 남자친구를 끊자마자 코카인에 손이 갔다. 공의존이라는 수치심에서 벗어나려다 또 다른 중독에 빠졌고, 이는 더 큰 수치심으로 이어졌다.

처음에 당신은 자신의 습관을 통제할 수 있다고 생각할지 모른다. 그러나 중독과 파괴적인 행동이 쌓여 갈수록 심각한 결과가 나타날 수 있으며 자해에 이를 수도 있다. 참나가 주는 도움을 연습하는 건 내면의 중독적인 소방관을 각각 고유한 존재로 대하며 그들에게 호기심과 연결, 연민을 전한다는 점에서 희망적이다. 당신은 다른 중독 행동으로 소방관 부분을 덮어 가리기보다 의식적으로 그들을 대함으로써 그들이 무의식 속으로 숨어 버리지 않게 도울 수 있다. 내면의 소방관을 들여다보고 연결되기로 선택할 때마다 그들은 회복으로 가는 긴 여정에서 진정한 지지와 안내를 받는다고 느낄 것이다.

나는 지금까지 살면서 회복 중인 동료 중독자들의 이야기를 많이 들었다. 각자의 이야기는 고유하지만 우리에게는 공통의 유대감이 있다. 바로 슬픔과 트라우마의 경험이다. 내가 보기에 소방관 부분이 드러내는 극단적이고 자동반사적인 행동의 근본 원인은 트라우마다. 내가 만난 모든 중독자는 어떤 형태로든 어린 시절 극단적인 경험을 한 사람들이었다. 그 경험은 그들의 대처 능력을 넘어선 것이어서 그들 안에 관리자 부분이, 그리고 결국에는 극단적이고 중독적인 소방관 부분이 만들어졌다.

나의 팟캐스트 〈디어 개비〉 인터뷰에서 세계적인 트라우마 전문가이자 베스트셀러 작가인 가보 마테 박사는 이렇게 말했다. "트라우마는 당신에게 일어난 사건 자체가 아닙니다. 트라우마는 당신에게 일어난 사건의 결과로 당신 '내면에서' 일어나는 일입니다." 우리 내면에서 안전과 순수함에 금이 갈 때 트라우마가 일어나고 지속된다. 슬픈 현실은 소방관과 관리자들이 너무도 나쁜 평판을 받고 있다는 점이다. 우리는 그들을 판단하면서 우리가 겪는 대부분의 고통이 그들 '때문'이라고 말한다. 하지만 정작 그들은 우리의 고통을 최소화하려 애쓰고 있었다.

강요는 악순환을 부른다

내 안의 소방관에 대해 글을 쓸 때면 감정이 예민해진다. 간단히 치유를 선택하는 것과 나에게 효과적인 보호 장치를 내려놓는 두려움 사이에서 오락가락하기 때문이다. 내 안의 소방관 부분을 내려놓는 건 가장 친한 친구를 잃는 것과 같다. 우리는 소방관 부분이 나를 위해 대신 나서 주길 기대하며 점점 더 의존한다. 그들과 하나로 뒤섞여서 그들 없이는 살 수 없을 것 같은 두려움을 느낀다.

소방관을 대할 때 우리는 이렇게 생각한다. 내면의 통제 부분이 등장해 엄격한 규칙을 따르고, 갈망과 자동반응성에 맞서 싸우며, 중독에 빠진 소방관 패턴을 바꾸어야 한다고 말이다. 익숙하지만 파괴적인 중독 패턴으로 돌아갈지 모른다는 두려움이 우리를 마비시킨다. 그러나 소방관 부분을 강제로 멈추는 건 회복을 향한 길이 아니다. 그것은 또 다른 보호자가 나타나 당신의 내면 체계를 통제하는 것과 같다.

수치심을 느끼거나 중독 행동을 멈추도록 강요당할 때 소방관들은 종종 부정 단계에 들어간다. 예를 들어, 나의 절친 알리는 남편에 대해 이렇게 말한다. "요즘은 좀 나아졌어. 공격적인 태도도 줄었고 정말 노력하는 것 같아." 2년 넘게 알리는 남편의 알코올 중독과 그로 인한 위험하고 공격적인 행동에 대해 고민을 털어놓았다. 그녀는 남편의 행동을 통제하거나 강제로 멈추려 할 때마다 남편이 상반된 태도를 보인다고 했다. "고작 맥주 몇 잔이야"라고 둘러대며 방어적인 모습을 취하거나 "다시는 안 마실게. 약속해"라고 맹세하며 뉘우치는 모습이었다. 몇 주가 지나는 동안 알리는 상황이 나아지고 있음을 나에게 (그리고 자신에게) 증명하려는 듯 희망적인 문자를 보냈다. 하지만 며칠 뒤엔 어김없이 남편이 다시 술을 마셨다는 문자가 온다.

소방관을 통제해 행동을 멈추게 하려는 시도는 오히려 상황을 악화시킬 뿐이다. 대부분의 사람은 자신과 타인에게 해를 끼치고 싶어 하지 않는다. 중독적이고 극단적인 패턴으로 삶을 파괴하고 싶어 하는 사람은 없다. 그러나 소방관을 엄하게 대하며 그에게 수치심을 안기려는 태도를 보일수록 그들은 더 크게 수치심을 느끼고 자극받는다. 내면의 수치심과 강압적인 태도는 소방관들을 극단적이고 파괴적인 패턴에 갇히게 만든다. 수치심과 강압, 비난은 소방관에게 아무런 도움이 되지 않는다.

여기서 잠시 내면의 극단적인 부분들에 대해 생각해 보자. 어쩌면 당신은 내면의 추방자를 통제하는 방법으로 평생 섭식 장애라는 짐을 지고 살았는지 모른다. 아니면 그 느낌을 지우려고 일중독에 빠졌을 수 있다. 또는 약물 중독으로 힘들었을 수도 있다. 내면의 이 부분들을 관찰하면서 지금 그에 관해 어떻게 느끼는지 살펴보자. 그들을 미워하는가? 그들을 억누르고 있는가? 그 방법들은 효과가 있었는가?

셀프 헬프

진정한 중독 치유의 길은 완벽함을 추구하거나 강압적인 힘으로 되지 않는다. 그것은 당신이 일상에서 내리는 일련의 선택을 통해 이루어진다. 알코올 중독 치료 12단계에서 말하는 '하루 또 하루'의 지혜를 떠올려 보자. 치유의 여정을 어렵고 복잡하게 여기기보다 하루에 한 번이라도 자기 내면을 들여다보겠다고 선택하면 어떨까? 아니면 한 번에 1분 만이라도 그렇게 선택하면 어떨까?

어떻게 중독에서 벗어날까

잠시 의심을 접어 두고 이렇게 상상해 보자. 매일 아침 당신은 지금 존재하는 내면 부분들을 들여다보며 하루를 시작한다. 참나가 들어오는 문을 연다. 물론 하루를 지내면서 삶이 던지는 피할 수 없는 자극과 좌절에 자주 맞닥뜨릴 것이다. 바로 그 순간이 선택의 힘이 빛을 내는 순간이다. 당신은 멈춰 숨을 고르고 내면의 상태를 확인할 수 있는 능력을 지녔다. 더 이상 자극에 휘둘리지 않는다. 당신은 자극받은 내면 상태를 돌보고 안정시킬 수 있는 선택권을 가졌다. 그러다 아침에 목표를 세운 지 한 시간 후, 예전 같으면 당신을 혼란에 빠뜨렸을 상황에 직면한다. 그러나 이제 자극에 휩쓸리기보다 멈춰 자신의 내면을 살핀다. 그 순간 현존이 나타난다. 당신은 지금 일어나는 감정과 감각을 느끼며 선택을 내린다. 다음 행동을 의식적으로 결정하겠다는 선택이다. 완벽함에 신경 쓰지 않는다. 언제든 자신의 내면을 들여다보기로 다시 선택할 수 있음을 기억한다.

이런 삶을 그려 볼 때 어떤 느낌이 드는가? 만약 당신이 중독적인 소방관 패턴에 갇혀 있다면 불가능해 보일 수 있다. 그러나 새로운 가능성이 있다. 자신의 극단적인 패턴에 관해 우리는 참나의 도움을 구할 수 있다. 2005년 10월 2일, 나는 술을 끊고 참나의 도움을 구하기로 선택했다. 그로부터 19년 동안 매일 아침 그런 선택의 태도를 겸손히 다져 왔다. 나의 장기적인 회복 과정은 자유와 편안함으로 가득한 여정이었다. 하루에 한 번씩 선택을 내리며 참나가 들어와 깊은 치유의 길을 열도록 허용했기 때문이다. 이런 선택이 지금 이 순간 당신에게 불가능하다고 느껴지는가? 나의 이야기가 당신의 가능성을 암시하는 설득력 있는 사례가 되었으면 한다.

선택권은 늘 우리 손에 있다

선택이 가진 변화의 힘과 삶의 방향을 바꾸는 능력에 관해 강연을 한 적이 있다. 그날은 내 안의 동기부여 강사 부분이 살아난 날이었다. 동시에 참나의 강한 에너지와 연결된 날이었다. 긍정적인 동기부여와 진정한 참나의 에너지가 조화를 이루며 강연장을 가득 채웠다. 강연 내내 나는 우리가 어떤 순간에도 내면으로 향할 선택권을 가졌으며, 동시에 두려움에 빠져 내면의 보호자에 지배당할 수도 있다는 점을 강조했다. 내면으로 향하기로 선택할 때, 호기심을 갖고 연결할 때, 비로소 우리는 삶의 방향을 변화시킬 힘을 갖게 된다고 이야기했다.

청중들이 믿음과 의심을 오가는 게 느껴졌다. 나는 질의응답 시간을 통해 회의론자들과 이야기 나눌 기회를 가졌다. 내면 점검 과정을 안내하면서, 그들이 초점을 바꿔 참나가 인도하는 결정에 마음을 열고 선택의 힘을 직접 경험하도록 도왔다. 청중들은 실시간으로 변화를 경험하면서 자신의 선택에 작은 변화를 주는 것만으로도 깊은 영향을 미칠 수 있음을 깨달았다.

강연이 끝나고 나는 무대 가장자리에 앉아 참가자들을 만났다. 한 건장한 남성이 나를 응시하는 게 느껴졌다. 그는 바로 다음 차례였다. 나는 안전하다고 느꼈지만, 그에게서 뿜어져 나오는 분노와 공격성이 뒤섞인 강렬한 에너지를 외면할 수 없었다. 차례가 되자 남자는 강력한 방어적 에너지로 다가왔다. "당신은 선택권이 있다고 말하지만 나에게는 선택의 여지가 조금도 없어요! 나는 정신질환과 중독으로 고생하고 있어요. 그건 그저 선택을 내린다고 해서 벗어날 수 있는 게 아니라고요."

나는 깊이 숨을 들이마신 뒤 마음을 가다듬었다. 우리 둘만 그곳에 있는 것처럼 그의 눈을 바라보며 답했다. "당신 말이 맞아요. 정신질환과 심각한 중독에 시달릴 때 선택은 손에 닿지 않는 것처럼 느껴지죠." 이어서 나는 내 이야기를 털어놓았다. 자살 충동을 동반한 우울증과의 싸움, 결국 내게 남은 유일한 선택이란 모든 걸 내맡기고 정신과적 도움을 구하는 것뿐이었다는 이야기였다. 다행히 그 순간 나는 진정한 연민의 마음이 일어날 만큼 참나에 다가갈 수 있었다. 나는 그 남자에게서 나 자신을 보았다. 나의 중독, 나의 정신질환, 나의 무력감을 보았다. 그와 연결되어 있다고 느껴졌고 몸은 편안했으며 마음은 열려 있었다. 나는 참나의 에너지 속에 있었다.

"안아도 될까요?" 내 말에 그는 망설임 없이 동의했다. 나는 두 팔로 그의 넓은 가슴을 감싸며 진심 어린 사랑과 연민으로 그를 꼭 껴안았다. 그의 에너지가 부드러워졌다. 눈물이 얼굴을 타고 흘러내리면서 분노가 녹아내렸다. 이 포옹으로 남자는 참나의 에너지가 가진 열린 마음이 자신을 온전히 이해하고 돕는다고 느꼈다. 그 순간 말이나 경험, 이야기는 필요하지 않았다. 우리에게 필요한 건 오직 참나의 존재뿐이었다. 포옹을 풀고 나서도 나는 그의 어깨에 손을 얹은 채 그의 눈을 똑바로 바라보았다. 조금 전까지만 해도 위협적으로 보였던 남자는 이제 눈물을 글썽이는 순진한 아이가 되어 있었다.

"고마워요. 전혀 예상 못 했어요."

"마음을 열기로 선택해 줘서 고마워요."

중독이 아닌 고통의 원인을 물어라

가보 마테가 말하듯이 "중독의 원인을 묻기보다 고통의 원인을 묻는 것이 낫다." 나의 경험으로 볼 때 소방관 부분을 다루는 내면가족체계 치료사는 "왜 그 행동을 계속하는가?"라고 묻는 대신 이렇게 묻는다. "내면의 그 부분은 어떻게 당신을 돕고자 하나요?" 중독에 빠진 소방관들에게 변명을 강요하기보다 그렇게 행동하는 이유를 말할 기회를 줘야 한다.

　나의 내면가족체계 교사이자 『IFS 중독치료』의 저자인 씨씨 사이크스는 이를 이렇게 설명한다. 중독의 순환에 빠진 사람은 관리자와 소방관이 연달아 이어지는 상태에 놓여 있다. 이를 '중독 과정의 전투'라고 부른다. 내면가족체계는 중독자의 내면 경험을 서로 갈등하는 세 가지 고유한 부분으로 나누어 설명한다.

- 자기 비난을 지속하는 비난/관리자 부분은 중독자
  가 통제 불능 상태이며 결코 변하지 않을 거라고
  믿는다.

- 반항적인 태도를 보이는 분노/소방관 부분은 자신이 중독에 빠지는 게 당연하다고 믿으며 어떠한 개입 시도도 거부한다.

- 심한 절망감과 고립감을 안기는 수치심/추방자 부분은 자신에게 근본적인 문제가 있어 과거에도 중독 통제에 실패했다며 변화가 불가능하다고 믿는다.

이 세 개의 고유한 내면 부분이 전투를 벌이며 당사자를 비난, 분노, 수치심의 중독 순환에 가둔다.

중독과 소방관에 대한 내면가족체계의 접근법에서 가장 도움이 되는 부분은 소방관의 극단적이고 중독적인 패턴과 관계 맺는 방식을 강조한다는 점이다. 즉, 내면가족체계는 소방관을 통제하기보다 그들과 연민으로 연결하고 관계를 형성하는 데 초점을 맞춘다. 소방관의 중독 부분에 마음을 열고 경험을 공유하도록 요청함으로써 연민과 호기심으로 그들과 관계 맺도록 권한다. 내면 점검 과정을 통해 중독 이면의 숨은 이야기에 호기심을 가지면 소방관은 연결되었다고 느끼며 참나가 드러날 공간이 마련된다.

내면의 중독 부분에게 통제가 아닌 연결의 메시지를 전함으로써 관계를 맺을 수 있다. 내면 점검 과정을 통해 연결의 기회를 만들고, 중독 부분을 무시하는 게 아니라 '다만 너를 알고 싶을 뿐'

이라는 메시지를 전해 보라. 어떤 형식이든 연결을 맺을 때 소방관 부분은 존중받는다고 느끼며 자신의 순수함이 인정받는 경험을 하게 된다. 극단적인 소방관 부분들은 필사적으로 당신을 안전하게 지키려 애쓰고 있음을 기억하라. 한순간이나마 소방관에 대한 인식을 전환하고 참나의 빛을 경험하게 할 수 있다면 그들에게 기적을 선사하는 것과 같다. 기적이란 그들에게 순수함을 인정받을 기회를 주는 것이다.

그런데 이때 관리자 부분이 활성화될 수 있다. 소방관 부분을 내려놓는 게 무섭게 느껴지기 때문이다. 그렇다. 시간이 필요하다. 마음을 열고 지금과 다른 시각으로 소방관들을 바라보면 통제가 아닌 관계 맺음의 가능성이 열린다. 소방관들에게 참나가 이끄는 탐색을 제공하면 내면의 패러다임이 변화한다. 판단 대신 연민을 선택하자.

내면 점검: 중독 패턴 들여다보기

내면의 소방관이 무의식적으로 중독에 빠지는 건 당신만의 일이 아니다. 나는 그들을 이해하며 깊은 연민을 느낀다. 그들을 돕기 위해 나의 참나 에너지를 바치고자 한다. 우리는 선택의 근육을 함께 키우는 법, 일상생활에서 선택을 적용하는 법, 그리고 내면 점검 과정의 단순함을 선택해 추방된 과거로부터 당신을 보호하려 애쓰는 소방관 부분에게 참나의 현존을 선사하는 법을 탐구할 수 있다. 여기에는 헌신과 결심, 자유롭고자 하는 열망이 필요하다.

씨씨 사이크스는 이렇게 말한다. "치유란 참나가 내리는 결정을 거듭 반복하는 일이다." 치유에 관한 이 단순한 개념이 중독을 극복하는 열쇠가 될 수 있다. 장기적인 변화로 나아가는 과정에서 내딛는 작은 발걸음은 하룻밤의 성공보다 실현 가능성이 훨씬 높다. 그리고 그것은 회복의 여정을 더 편안하게 느끼게 해 준다.

내가 금주 생활을 시작한 초기에 조엘이라는 친구가 한 가지 지혜를 전해 주었다. 그는 10년간 금주 생활을 유지했고 멋진 아파트에 살면서 상당한 성공을 거두었으며 멋진 친구들을 곁에 두었다. 그의 삶은 훌륭했다. 그가 어떻게 여기까지 왔는지 궁금했던 나는 조언을 구했다. 그의 대답은 간단했다. "작은 올바른 행동을 꾸준히 실천한 결과야." 나는 그의 말을 마음에 새기고 그 철학에 전념하며, 회복의 여정을 위해 작고 꾸준한 발걸음을 내딛기로 결심했다. 19년이 지난 지금도 나는 금주 상태를 유지하고 있다. 이는 작은 올바른 행동을 꾸준히 실천하는 힘을 보여 주는 증거다. 시간의 흐름과 함께 당신에게도 근본적인 변화가 찾아올 것이다.

지금 바로 작은 행동으로 소방관을 안전하게 들여다보자. 언제나 그렇지만 망설여지거나 또 다른 관리자가 나타나는 게 보인다면, 내면 부분의 안녕을 최우선으로 삼으면서 감정이 안정되었을 때 다시 시도해 본다. 이 점검 과정은 당신의 소방관을 더 깊이 탐구하기 위함이 아니다. 당신을 소방관에 대한 참나의 인식으로 안내하는 게 목적이다. 소방관을 '자신'이 아닌 '자신의 일부'로 보겠다는 선택만으로도 마음이 한결 편해질 것이다.

먼저 선택을 내리는 데서 시작한다. 소방관 부분을 참나의 렌즈로 바라보고, 그것의 진정한 의도를 인식하겠다는 마음으로 내면을 들여다보기로 선택한다. 이 단계를 밟는 것의 장점은, 특히 소방관을 다룰 때 그들을 비난하기보다 그것과 관계 맺을 기회가 만들어진다는 점이다. 소방관을 내면의 일부로 바라보는 것 자체가 참나의 연민을 보내는 심오한 행위다.

호기심을 갖는다. 내면의 소방관에 주의를 기울였다면, 이제 부드럽게 일련의 질문을 던져 본다. 이 질문들은 소방관 부분을 향해 존중과 열림의 감각을 키우도록 의도한 질문이다. 우선 신체 어느 부위에서 소방관의 존재를 느끼는지 관찰해 본다. 그 부위에 숨을 불어넣으며 그것이 자신을 표현하게 한다. 그런 다음 질문을 던진다.

- 넌 나를 어떤 식으로 도우려고 하니?
- 그런 식으로 나를 도운 지 얼마나 되었니?
- 네가 하던 일을 멈추면 무슨 일이 벌어질까?
- 그런 식으로 나를 보호하지 않으면 무슨 일이 일어

날까 봐 두렵니?

이 질문들은 마음을 열어 소방관의 긍정적인 의도를 관찰하게 한다. 또한 참나의 에너지가 흘러나오도록 하는 질문이다. 이처럼 내면의 소방관에게 부드럽게 질문을 던져 주면 그들은 수치심과 비난이 아니라 존중과 연민, 연결을 새롭게 발견한다.

한 손을 가슴에 얹고 연민으로 연결하면서 해당 신체 부위에 이렇게 말해 본다. "네가 얼마나 열심히 나를 보호하려고 애썼는지 알아. 너를 관리하거나 통제하려는 게 아니야. 다만 너와 연결되고 싶을 뿐이야."

이제 참나의 특성을 확인한다. 마음이 끌린다면 그 부분에 관해 글을 써도 좋다. 지금 일어나는 일에 관해 글을 씀으로써 그것이 반응하게 한다. 노트를 펼쳐 당신의 반응을 적어 본다.

치유의 핵심은 관계 맺음이다

나는 중독 회복의 과정에서 소방관 부분과 주도적으로 연결할수록 연민의 마음이 자연스럽게 일어남을 알았다. 나는 통제하기보다 관계를 만드는 데 집중했다. 관계 맺음을 목표로 삼을 때 수치심-비난의 악순환에서 벗어나 치유의 힘을 발휘할 수 있는 새로

셀프 헬프

운 패턴에 마음이 열린다. 새로운 행동을 반복함으로써 새로운 습관이 자리 잡으면 우리 뇌의 신경 경로가 바뀐다. 나는 개인적인 경험을 통해 강압이 아닌 선택으로 만들어진 패턴이 훨씬 지속력이 강하며, 거기에 나의 믿음을 바꿀 근본적인 힘이 깃들어 있음을 알았다. 이런 식으로 내면의 소방관을 들여다보기로 선택할 때 참나가 이끄는 새로운 패턴이 만들어진다. 참나의 연민 어린 관점으로 조금만 이동해도 소방관은 수치심에서 벗어나 자신이 진정으로 인정받는다고 느낀다. 아무리 많은 수치심이나 비난을 퍼부어도 소방관은 극단적인 역할에서 결코 벗어나지 못한다. 오직 관계와 연결을 통해서만 장기적인 치유를 향해 나아갈 참된 기회가 생긴다.

참나에 가까이 다가갈수록 어디에 도움을 구해야 하는지도 더 잘 알 수 있다. 참나는 우리 내면의 든든한 후원자가 되어 극단적인 소방관의 말에 언제나 귀 기울이고, 그로부터 배우며 그를 위한 공간을 만들어 준다. 참나와 연민으로 연결될 때마다 우리 내면에서 지속적인 변화가 일어난다.

술을 끊은 지 19년이 지난 지금, 참나는 언제나 나와 함께한다는 사실이 분명해졌다. 참나의 부드러운 속삭임은 내가 회복의 길로 나아가는 데 핵심적인 역할을 했다. 늘 내 곁에 존재하는 참나의 에너지와 나의 의지가 '하루 또 하루' 술을 끊는 데 도움을 주었다.

10장

용서는 변화의
시작이자 끝

사회 초년생 시절, 나는 용서에 관한 영적 관점에 심취했다. 용서는 삶에 기적 같은 변화를 일으킨다. 우리를 해방시키고, 과거의 수치심과 미래에 대한 두려움에서 벗어나게 하고, 현재 순간에 머물게 한다. 진정한 변화는 용서라는 자유로운 상태에서 일어난다. 용서를 통해 우리는 순수함과 빛, 내면의 조화를 회복한다. 이것이 참나의 용서가 갖는 진정한 의미다.

용서는 우리가 하는 행동이 아니라 경험하는 무엇이다. 마음의 문을 열고 참나에 다가갈 때 누구라도 용서를 경험할 수 있다. 참나는 내면의 보호자 부분을 치유하고 자유롭게 해 준다. 나는 오랫동안 주변에서 이런 말을 들었다. "어떻게 내가 나를 용서할 수 있어?" 내 대답은 분명하다. 필요한 건 오직 용서하려는 마음뿐이다. 자그마한 의지만 있어도 용서로 가는 문이 열린다.

내면의 보호자들에 의해 움직일 때 우리는 과거에 갇힌다. 똑같은 역할을 반복하는 자신을 수치스럽게 여기며, 낡은 습관으로 되돌아가는 자신을 비난한다. 당신은 자신의 행동을 비난하고 수치스럽게 여기며 스스로를 공격한 적이 없는가? 아침에 눈을 떴을 때 숙취로 인해 전날 무엇을 했는지 기억나지 않을 수 있다. 그러면 다시 한번 알코올 중독에 빠졌다는 수치심이 밀려온다. 수치심과 자기 비난이 극에 달할 때, 이를 해결할 유일한 방법은 다시 또 술을 마심으로써 다른 보호자 부분을 마비시키는 것뿐이다. 이런 악순환에 빠지면 보호자의 고리에 갇혀 용서를 경험할 기회를 갖지 못한다. 반면 용서하려는 의지를 낼 때 우리에게 다른 선택지가 생긴다. 내면 부분들을 들여다볼 기회 말이다. 보호자 부분을 용서하려는 의지야말로 이 여정을 시작하는 데 필요한 모든 것이다.

나는 술을 끊은 초기에 후원인의 참나 에너지로부터 인도받으며 자기 용서의 여정을 시작했다. 후원인은 언제나 나를 용서해 주었다. 그녀에게 내 이야기를 털어놓는 데는 아무것도 필요하지 않았다. 정말이지 수치스러운 일을 저질렀을 때도, 관계 속에서 어리석은 행동을 했을 때도, 회복의 여정에서 역경을 만났을 때도, 그녀는 변함없이 이렇게 말해 주었다. "당신은 자신을 용서할 수 있어요." 당시에 나는 어떻게 나를 용서해야 하는지 알지 못했지만 그녀의 말만 듣고도 수치심을 뚫고 용서의 마음이 일어나기에 충분했다. 참나의 에너지와 용서에 대한 그녀의 진심은 내가 죄책감과 수치심의 악순환에서 벗어나는 데 큰 도움을 주었다.

영적 체험으로서의 용서

시간이 지나면서 후원인은 나의 중독자 부분을 용서의 렌즈로 바라봐 주었고 그녀의 그런 능력이 내게 영향을 미쳤다. 나는 편안한 마음으로 내면의 중독자 부분을 풀어주었고, 그것을 사랑으로 품어 안는 공간을 마련했다. 내 안의 중독자 부분을 들여다보는 과정을 시작하자 자연스럽게 참나의 에너지를 경험할 수 있었다. 한번은 명상 중에 중독자 부분이 내 앞에 서 있는 게 보였다. 그녀는 절박한 마음으로 울고 있었다. 나는 가슴이 열리는 걸 느꼈다. 그리고 자연스럽게 이런 말이 흘러나왔다. "너를 용서해, 개비."

그 순간 참나가 보내는 연민의 마음이 밀려왔다. 참나와 연결된 느낌이 온몸을 감쌌다. 중독자 부분은 얼굴이 편안해지고 이마가 부드러워지면서 깊은 숨을 쉬었다. 참나와 연결되었다고 느낀 중독자 부분은 과거의 수치심에서 벗어나 자유로워졌다. 이 강력한 장면은 내가 지금껏 저지른 모든 수치스러운 행동과 내가 짊어진 온갖 부담을 완전히 새로운 빛으로, 다시 말해 연민이라는 렌즈로 바라보게 했다. 참나를 받아들임으로써 나는 내면의 중독자 부분을 사랑으로 바라보고 그녀가 해 온 역할을 존중할 수 있었다. 참나의 인도로 용서의 마음이 일어나자 중독자 부분이 부드러워지는 게 느껴졌다.

참나의 용서에 대한 자발적인 영적 깨어남이 먼 이야기처럼 들릴지 모른다. 그러나 우리는 이 책을 통해 이미 그 방향으로 걸음을 내디뎌 왔다. 내면 부분들을 들여다볼 때마다 당신은 참나에 다가서는 다리를 놓았다. 그 과정을 지속하면서 참나와 더 튼튼히 연결되었으며, 내면의 보호자 부분이 품은 동기와 의도도 더 잘 알게 되었다. 머지않아 당신은 내면 부분들이 가진 유일한 긍정적 동기가 당신의 능력을 보호하는 것임을 더 쉽게 알아볼 것이다.

지금 당장 내면 부분들을 완전히 받아들이지 못한다고 해도 괜찮다. 그들이 가진 긍정적인 의도를 알아보는 순간에 주목해 보라. 그런 관점으로 바라볼 때 내면 부분들과 연민의 관계를 맺을 수 있고 참나의 용서가 일어날 가능성도 커진다. 다시 말하지만, 억지로 참나가 내면 부분들을 용서하도록 강요할 필요는 없다. 참나는 자연스럽게 용서를 일으키는 힘을 갖고 있다(이는 측정 가능한 사실이다. 연구에 따르면, 내면가족체계에 기초한 자기 용서 명상을 한 사람은 자기 자신뿐 아니라 타인을 용서하는 능력도 향상되었다[1]).

만약 내면의 보호자에 대해 더 이상 수치심을 느끼지 않는다면 이는 참나의 용서가 일어났다는 신호다. 그러면 그 부분에 연민을 느끼거나 의도를 이해함으로써 그것을 더 분명하게 볼 수 있다. 내면에서 깊은 연결감을 느끼고 그것과의 패턴을 변화시키는 창의적인 방법에도 마음이 열린다. 참나의 특성이 자연스럽게 드러나고 더욱 커지면서 참나의 용서가 이루어질 것이다.

끝없는 열정과 영감의 원천

참나의 용서는 내면 부분들이 내면과 외부세계에서 새롭고 중요한 역할을 맡는 기회를 제공한다. 스물다섯 살이나 된 나의 코카인 중독자 부분은 오늘날의 나를 만든 중요한 부분이다. 나는 그녀를 깊이 존중한다. 무엇보다 그녀는 지금까지 아주 열심히 일했다. 참나의 용서라는 렌즈를 통해 나는 그녀가 나를 안전하게 지키려고 얼마나 애를 썼는지 알 수 있다. 그 점에 있어 그녀를 사랑하며 연민과 고마움을 느낀다. 그녀는 골치 아픈 문제를 많이 일으켰지만 내 삶에서 중요한 역할을 해 온 건 분명한 사실이다. 과거의 극단적인 행동을 돌아보면서 이제 나는 그녀를 연민의 렌즈로 바라본다. 그녀에게는 아직 의식에 떠오를 준비가 되어 있지 않은 추방자 부분으로부터 나를 보호하려는 긍정적인 의도밖에 없었음을 안다.

이 책을 쓰는 시점에 그녀는 19년째 약물을 끊은 상태다. 그녀는 더 이상 극단적인 중독의 짐을 지고 있지 않으며, 자신의 에너지를 바람직한 방향으로 보낼 수 있다. 그녀는 분명한 걸 좋아하고 통제력을 행사하며 많은 것을 성취한다. 그녀의 생산성은 대부분 사람보다 뛰어나다. 다른 사람이라면 더 오래 걸릴 일을 그녀는 하루 만에 해낸다. 그녀는 뛰어난 생산자이자 수천 명이 들어찬 강연장에 활기와 영감을 불어넣는 뛰어난 능력의 소유자다! 그녀의 기운은 전염성이 있다. 이제 그녀는 안전하다고 느끼며 참나를 신뢰한다. 자신의 열정적인 에너지를 세상에 선한 영향력을 베푸는 원천으로 사용한다.

참나의 용서에서 핵심은 바로 이것이다. 즉, 내면 부분들을 수치스러워하고 덮어 버리기보다 그것의 역할을 인정하고 존중함으로써 그들이 긍정적인 목적을 위해 자신의 강점을 활용하도록 하는 것이다.

용서의 물결효과

우리의 내면가족 세계에는 서로 충돌하는 여러 부분이 있다. 그들은 서로 갈등하는 동시에 상호 연결되어 있다. 따라서 한 부분이 자극받으면 다른 부분도 활성화된다. 이것은 참나와 연결된 부분들도 마찬가지다. 내면의 한 부분이 참나의 용서를 경험하면 다른 보호자 부분도 연결의 이익을 누린다. 참나는 더 많은 참나를 낳는다.

　나는 내면세계에서 이런 물결효과를 직접 경험했다. 약물 중독자 부분을 편안한 마음으로 용서하자 다른 중독자 부분에도 참나의 연민이 일어났다. 예를 들어, 직장에서 강박적으로 통제력을 행사할 때면 수치심 부분이 내면을 장악하는 걸 느낀다(이는 나의 또 다른 보호자 부분이다). 이 부분은 직원들 앞에서 발끈하며 감정에 휩싸이는 내가 수치심을 느끼도록 만든다. 그러나 참나의 용서라는 새로운 근육을 갖춘 나는 용서의 의지를 일으켜 자연스럽게 내면 점검 과정에 들어간다. 내 안에 참나의 에너지가 흘러들수록 가슴이 열리는 듯한 느낌이 들었다. 이런 자각이 커지자 모든 부분에 대해 참나의 용서를 발휘할 수 있게 되었다. 내 안의 모든 부분을 부드럽게 대하고, 그동안 그들이 해 온 중요한 역할에 존경과 감사를 전했다. 한 부분을 용서하자 다른 부분도 용서받는 물결효과가 일어났다.

용서는 직관적인 경험이다

남편 자크는 내가 쓰는 모든 책을 편집한다. 남편과의 협업은 우리 모두에게 선물이다. 나는 훌륭한 편집 결과물을 얻고, 남편은 충만한 삶을 살기 위한 나의 최신 아이디어를 시험할 기회를 얻는다. 수년간 나는 남편의 내면 연결을 돕고자 내면가족체계에 대해 이야기하며 제안했다. 그때마다 남편은 똑같은 반응을 보였다. "당신에게 효과가 있어서 정말 다행이야. 그렇지만 나와는 잘 안 맞는 것 같아."

　　그러나 이제는 뭔가 달라졌다. 이 책을 편집하는 내내 남편은 자신의 내면 부분들에 점점 더 호기심을 보였다. 나는 그걸 느낄 수 있었다. 남편은 나에게 질문을 하거나, 문득 자신의 내면 부분을 들여다보려 했다고 말하곤 했다. 그러던 어느 날 오후 내가 출장을 간 사이에 남편에게서 전화가 왔다. "허리가 아파 죽겠어.

내면 부분을 들여다볼까?" 나는 남편과 내면 점검 과정을 공유하게 된 게 너무도 기뻐서 하마터면 전화기에 대고 소리를 지를 뻔했다. "물론이지!"

우리는 30분 동안 남편의 허리 통증과 관련한 내면의 여러 보호자를 지켜보았다. 특히 한 보호자가 주의를 끌었다. 자기비판이라는 보호자였다. 내면의 비판 부분에 호기심을 갖자마자 남편은 그것이 평생 자신의 삶에 존재해 왔음을 깨달았다. 나는 내 안에 명료함의 불꽃이 일어남을 목격하고는 참나의 에너지를 일으켜 이렇게 물었다. "지금은 어때?" 잠시 침묵이 흐른 뒤 남편이 대답했다. "한결 편해진 것 같아. 이제 나를 용서할 수 있겠어." 남편은 이어서 말했다. "자기비판이 평생 짊어져야 할 짐이 아니라는 걸 알았어. 어린 시절 내 안에 뿌리 깊이 자리 잡은 해결되지 못한 감정을 자기비판으로 억누르고 있었던 거야."

나는 깊이 숨을 들이쉬며 참나의 지혜가 나의 말에 스며들게 했다. "바로 그거야, 내 사랑. 자각이 열쇠야. 자각을 통해 자기비판 부분에 마음이 열릴 거야. 그렇게 참나가 당신을 돕도록 초대하면 돼." 자크는 자기 내면을 들여다봄으로써 자신이 누구인지 자각하려는 용기를 냈다. 그러자 가슴이 열려 참나의 도움을 받을 수 있었다. '한결 편해진 것 같아. 이제 나를 용서할 수 있겠어.' 이 말은 그에게 즉각적인 치유의 순간이었다.

남편은 오랫동안 삶을 지배해 온 내면 부분을 처음으로 용서할 수 있었다. 그 부분을 자신과 분리하면서 지금껏 자신을 안전하게 지켜 준 그것의 가치를 인정했다. 이로써 안도감을 느꼈다. 남편의 허리 통증은 가라앉았고, 참나의 평온한 현존 감각은 자연스러운 자기 용서를 선사했다. 이것은 기적이었다. 남편 인생의 정점이자 전환점이었다.

당신에게도 참나의 용서가 주는 기적이 열려 있다. 억지로 하거나 무언가를 해결해야 하는 건 아니다. 이 장에서 안내하는 내면 점검 과정을 따라가면 내면 부분들에게 참나의 용서가 가능하다는 메시지를 전할 수 있다. 이를 통해 참나에 대한 자각이 커질수록 내면의 안전감과 진정한 치유가 더 쉽게 일어난다. 지금까지 열심히 일해 온 내면의 특정 부분을 인정함으로써 우리는 수치심의 짐을 내려놓고 내면 체계에서 그들이 해 온 역할을 존중할 수 있다. 보호자의 근원적인 동기를 의식 표면으로 끌어내면 더이상 그들은 지금까지 해 오던 일을 할 필요가 없어진다.

궁극적으로 용서는 우리 안에서 자연스럽게 일어나는 직관적인 경험이다. 나는 내면 점검 과정을 통해 당신이 가슴을 열고, 내면의 용서 부분을 영적으로 체험하도록 이끌 것이다. 내면 부분들에 대한 인식이 바뀔 때 우리는 기적 같은 편안함과 자신에 대한 완전히 새로운 인식을 얻는다. 참나의 용서가 지금 이 순간 당신과 무관하게 느껴질 수 있다. 여전히 당신 안의 부분들은 참나가 존재한다는 사실에 저항할지 모른다. 연습의 결과에 연연하지 말자. 다만 참나의 용서가 가능하다는 데 마음을 여는 것만으로도 변화가 시작될 수 있음을 믿으면 된다.

용서는 하룻밤 사이에 이루어지지 않는다. 용서는 시간을 두고 키워 가는 자연스러운 연결의 과정이다. 명심하라. 깊이 뿌리박힌 트라우마와 저항, 두려움, 수치심을 지닌 내면 부분들은 아직 참나에 대한 믿음이 부족하다. 어떤 사람은 자기 내면의 한 부분(특히 극단적인 소방관)을 용서하려 할 때 두려움과 불안이 샘솟는다고 말한다. 그 부분들과 연결하려면 취약함과 열림이 필요하기 때문에 그렇다. 우리 안의 어떤 부분들은 극단적이고 무의식적인 행동에 다시 빠져들거나 거기에 갇히는 것에 대해 수치심과 죄책감을 크게 느낀다. 그들이 극단적인 보호자 역할에 갇히면 그것의 진정한 의도를 알아보기 어렵다.

이 장에 소개한 단계를 따라갈 때 이 점을 유념하라. 참나의 용서가 일어나지 못하게 방해하는 내면 부분이 존재할 것이다. 그들은 당신을 자유롭게 내버려두지 않는다. 무슨 일이 일어나든 최선을 다해 그것을 관찰하고 인내심을 발휘해 이 과정을 밟아 나가길 바란다. 극단적인 부분을 용서한다는 생각을 내는 것만으로도 감정이 자극받을 수 있다. 다시 말하지만, 내면의 추방자나 소방관들에게 이 연습을 적용하길 권하지 않는다. 당신의 삶에서 그보다 덜 극단적으로 느껴지는 부분에 먼저 적용하라.

내면 점검: 용서하는 마음으로 들여다보기

잠시 내면으로 주의를 향해 지금까지 당신과 함께해 온 보호자 부분과 만난다. 그 부분과 연결되었다고 느껴지면 이렇게 물어본다. "내가 너를 용서할 수 있을까?" 당신의 대답을 지켜본다. 이런 답이 들릴 수도 있다. "아직은 아냐, 절대 못 해!" 혹은 마음이 열리는 걸 느낄 수도 있다. 어느 쪽이든 내면의 안내를 따르면서 점검 과정을 시작할 준비가 되었는지 살펴본다. 아직은 때가 아니라거나 너무 버겁다고 느껴지면, 그냥 읽어 가되 실제로 연습은 하지 않아도 좋다.

그 부분을 용서할 의도가 조금이라도 일어난다면 이제 내면 점검 과정에 들어서겠다고 선택한다. 이 영적 과정을 시작하기 위해 지금 필요한 건 오직 용서하려는 마음뿐이다. 내면으로 연결하면서, 지금 당신 안에 있는 어떤 부분이든 그것을 용서하리란 의도를 내어 본다. 관심을 필요로 하는 특정 부분에 초점을 맞춘다. 준비가 되었으면 다음 단계로 넘어간다.

가슴을 열고 그 부분에 호기심을 갖는다. 그런 다음 질문을 던진다.

- 너는 몇 살이니? 남자니 여자니? 내가 알았으면 하는 생각과 느낌, 감각은 무엇이니?

- 나의 내면 체계에서 네가 하는 역할은 무엇이니?
- 너는 나를 보호하려고 노력하고 있니?
- 그 역할을 맡은 지 얼마나 오래되었니?
- 그 역할이 마음에 드니?
- 앞으로 그 역할을 맡지 않으면 무엇을 할 것 같아?
- 그것에 대해 생각하면 기분이 어때?
- 그랬을 때 강렬한 감정이나 긴장, 통증이 느껴지니? 아니면 무감각하니?
- 내가 더 알았으면 하는 게 있니?

이제 양손을 가슴에 얹고 내면에서 일어나는 느낌과 감각에 주의를 집중한다. 그 부분을 사랑으로 바라볼 수 있는 안전한 공간을 마련해 본다.

이제 그 부분이 가진 긍정적인 의도를 살피면서 그것과 연민으로 연결한다. 잠시 그것의 긍정적인 의도와 헌신에 대해 생각해 본다. 가슴을 열고 그들이 당신의 내면 체계에서 하는 역할과 기능을 더 깊이 이해해 본다.

- 보호자가 당신을 추방자들로부터 지키기 위해 얼마나 열심히 노력했는지 잠시 생각해 본다.
- 그 부분이 가진 긍정적인 의도를 알아봐 준다. 그들

의 행동이 언제나 도움이 되는 건 아니었지만, 그들은 당신을 보호하고 돕기 위해 어떤 식으로든 노력해 왔다.

- 참나의 특성을 느껴 본다. 그것을 보호자 부분에게 전하면서 당신이 어떻게 느끼고 있는지 알려 준다.
- 그 부분에게 당신의 현존을 전한다. 내면의 느낌과 함께 자리에 앉아 일어나는 어떤 생각과 감정이라도 그것과 함께한다. 그것을 위한 공간을 마련해 준다.

보호자에게 편지 쓰기

이 연습에서 한 걸음 더 나아가 보자. 지금 당신에게 존재하는 참나의 에너지와 연결한다. 참나의 느낌 속으로 들어가 그 에너지가 글쓰기 연습을 안내하도록 허용한다. 가슴을 열고 내면 부분에게 편지를 쓴다. 당신을 도우려는 참나의 연민 에너지가 주도권을 쥐게 한다. 글을 쓰면서 내면의 보호자 부분이 당신을 안전하게 지키기 위해 얼마나 열심히 노력해 왔는지, 그러면서 얼마나 두려워했을지 떠올려 본다. 참나에 의식을 열고 내면 부분이 해 온 중요한 역할에 에너지를 집중한 상태로 자유롭게 글을 쓴다. 이 모든 과정을 참나가 이끌게 한다.

다 썼으면 다시 한번 가슴에 손을 얹고 종이에 적은 글을 읽어 본다. 이제 그 글과 당신의 몸과 마음에 나타나는 참나의 특성에 주의를 기울인다. 다음 질문을 던져 본다.

- 이제 그 부분에 대해 어떻게 느끼는가?
- 그 부분은 참나가 거기 있다는 걸 알고 있는가? 참나의 에너지를 느끼고 있는가?
- 그 부분은 지금 참나의 에너지를 신뢰하고 있는가?
- 참나와 내면 부분이 더 강하게 연결되었는가?

잠시 당신의 느낌을 적어 본다. 아니면 그 느낌과 함께 자리에 앉아 그것이 당신의 존재에 스며들도록 허용한다.

이 연습을 하는 동안 참나와 연결되었다고 느끼지 못했을 수 있다. 그렇다면 이 연습에 임하는 당신의 호기심과 의지만으로도 참나가 조금씩 흘러들 수 있음을 믿어라. 인내심을 갖고 연습하면서 이 과정을 받아들인다. 내면 부분을 억지로 참나와 연결하기보다 자연스럽게 연결이 드러나도록 허용한다. 참나와의 연결은 용서가 자리 잡을 기회를 만들지만 여기에는 시간이 필요하다. 그러므로 내면 부분을 향한 용서의 의지를 당신이 전념하기로 한 내면 점검 과정에 가져간다. 여기서 안내하는 단계를 따르는 동안 참나가 당신을 인도하게 한다. 참나의 용서로 가는 비결은 내맡김 그리고 참나가 스스로 변화를 드러내도록 내버려두는 것이다.

용서는 할수록 더 쉬워진다

약속한다. 내면 부분들을 점검하는 일이 일상 습관이 되면 참나의 용서를 더 쉽게 경험할 것이다. 용서하고 점검하려는 의지가 당신을 새로운 삶의 방식으로 안내할 것이다. 당신의 내면에 완전히 다른 차원의 믿음이 존재함을, 시간이 흐르며 그 믿음이 더 크게 자라남을 볼 것이다. 내면 부분들이 지금까지 해 온 역할을 진정으로 인정하고 존중할 때마다, 그들은 안전하고 존중받는다는 느낌과 더불어 용서받는다는 느낌을 받는다. 이런 안전한 연결이야말로 내면의 보호자를 용서하고 안정시키며, 궁극적으로 그들이 내면에서 새롭고 중요한 역할을 해 나갈 것임을 신뢰하는 데 필요한 전부다.

　매 순간 참나를 받아들이면서 내면 부분을 향한 열린 마음과 용서의 마음으로 이 연결을 지속하라. 내면 부분에게 당신이 그들을 바꾸려 하는 게 아니라 돕고자 한다는 점을 알려 준다. 한 부분을 자연스럽게 용서하면 다른 부분을 용서할 수 있게 되고, 그들과 관계를 맺기가 훨씬 쉬워진다.

연민의 확언 "이제 나를 용서하겠어"

내가 내면 부분들을 용서하자 그들을 향한 명료함과 이해가 생겨났다. 내면 부분들과 뒤섞인 상태에서 벗어나 참나와 더 튼튼히 연결되었고, 그것이 다른 부분에도 영향을 미친다는 사실을 알게 되었다. 최근에 동료 저자들과 함께 '마스터마인드'라는 전문가 멘토링 그룹에 참여하면서 이를 경험했다. 그룹 활동 중에 나는 종종 마이크를 손에 쥐고 세션을 주도하려는 내면의 '두목' 부분을 목격했다. 문을 열고 모임에 들어가는 순간부터 그는 활발히 작동을 시작한다. 나의 두목 부분은 질문을 퍼부으며 다른 연사의 말을 가로막고 요청받지 않은 조언을 건네며 대화를 독점한다.

어느 날인가 일정이 끝날 무렵, 나는 수치심이 끓어오르는 걸 느꼈다. 그 불편한 느낌을 회피하려고 동료들에게 가벼운 말을 건넸다. "알잖아. 내가 종종 지나치게 대담해지는 거." 혹은 이렇게 농담을 던졌다. "한 시간 내내 사람들에게 고함을 지른 느낌이야!" 이는 나의 방어기제였다. 수치심으로 비화하고 있는, 내면의 불안한 비판자를 잠재우는 방법이었다.

나는 어색하고 당황스러운 상황을 피하려고 일찍 자리를 떴다. 집으로 오는 도중에도 나는 가시지 않은 수치심에 시달렸다. 그날의 일이 마치 숙취처럼 남아 있었다. 나에게 도움이 되지 않는 오랜 습관으로 퇴행한 것 같았다. 하지만 수치심에 굴복하는 대신 나는 그날의 행사를 통제하려 했던 내면의 '해결사' 부분과 의식적으로 연결했다. 그 부분을 들여다보고 호기심으로 그것과 연결되는 시간을 가졌다.

　나는 내 안의 해결사 부분을 더 깊이 들여다보면서 연민의 마음으로 가슴을 열고 물었다. "뭐가 필요하니?" 그러자 이런 답이 돌아왔다. "용서가 필요해." 나는 깊이 숨을 들이쉰 다음 한 손을 가슴에 얹은 채 다시 숨을 내쉬었다. 편안함이 나를 감쌌다. 그 순간 판단이 아니라 용서하는 능력이 내게 있음을 알았다. 나는 연민의 렌즈로 해결사 부분을 바라봄으로써 그것을 자유롭게 하겠다고 '선택'할 수 있었다. 나는 그것이 때로 공격성을 드러내지만 (그래서 사람들을 불편하게 하지만) 궁극적으로는 긍정적인 의도와 사랑의 마음을 갖고 있음을 알았다. 때로 너무 강렬하지만 동시에 무대를 장악하고 청중들에게 과감히 조언을 건네며 권위를 가지고 가르치는 나의 또 다른 일부임을 깨달았다. 그것을 있는 그대로 인정하면서 연민의 마음으로 볼 수 있었다. 또한 나를 도와준 데 감사의 마음을 전했다. 새로운 관점이 자리 잡으면서 자연스럽게 참나의 용서가 펼쳐졌고 수치심은 눈 녹듯 사라졌다.

　이 이야기는 용서란 우리에게 주어진 선물이며, 의지만 있다면 누구나 그것을 가질 수 있음을 보여 준다. 만약 다음번에 내면 부분을 판단하거나 비판하는 당신을 발견한다면, 다음과 같은 확언으로 내면 점검 과정을 시작해 보길 바란다. "내 안의 이 부분을 용서하겠어. 그것을 사랑의 렌즈로 바라보겠어." 참나의 용서는 판단이 아닌 연민으로 그들을 바라보게 한다. 이렇게 한다고 해서 앞으로 결코 낡은 패턴으로 돌아가지 않는다는 의미는 아니다. 다만 그 부분을 용서하고 다시 선택할 수 있는 힘을 느끼게 될 거라는 말이다. 용서는 내면 부분들에게 명료함과 연민을 선사해 그들이 가진 재능을 좋은 쪽으로 사용할 수 있게 한다. 나는 '두목' 기질을 없애고 싶지 않다. 다만 참나의 도움으로 편안하고 가치 있는 방식으로 두목 기질이 드러나게 돕고 싶을 뿐이다.

변화무상한 내면 능력

책의 앞부분에서 '칼을 빼 든' 나의 보호자 부분에 대해 이야기했다. 그 부분은 인신공격으로 여겨지는 상황에 맞닥뜨릴 때마다 방어적인 태도를 취한다. 그런데 참나와 더 많이 연결되면서 놀라울 정도로 부드러워졌다. 물론 이 글을 쓰기 고작 한 시간 전에 또 한번 '칼을 빼 든' 부분이 크게 활성화되긴 했지만 말이다.

무슨 일이 있었냐면, 병원 안내 데스크와 실랑이가 벌어졌다. 의사에게 크게 의지하고 있던 나로서는 그 일이 특히나 힘들었다. 진료비 계산에 착오가 있었는데, 병원에서 갑작스레 나에게 전화를 걸어 즉각적인 배상을 요구했다. 배려 없이, 마치 나를 고발하는 듯한 그들의 태도에 어릴 적 감정이 불쑥 올라왔다. 그것은 경제적 불안과 함께 성장해 온 나의 아이 부분이었다.

성인이 된 후 나는 항상 제때 비용을 지불함으로써 이를 보상해 왔다. 그래서 병원으로부터 전화를 받았을 때 내면에서 방어적인 반응이 일어났다. 나는 전화상으로 내 행동을 변호하고 병원의 일 처리 방식에 심각한 개선이 필요하다는 점을 지적하며 분노와 눈물을 쏟아 냈다. 전화를 끊고 나니 마음이 평온했다. 나는 내행동에 당황하지 않았다. 오히려 나를 위해 내면 부분이 그렇게 나서 준 게 자랑스럽기까지 했다. 전에는 그러지 못했다.

우주의 작용이었을까. 전화를 끊자마자 딕 슈워츠의 안부 전화가 왔다. "멋진 타이밍이에요, 친구!" 나는 곧바로 딕에게 한동안 품었던 질문을 던졌다. "자신을 진정으로 돌보려고 할 때 보호자 부분이 나타나는 게 반드시 나쁜 일일까요?" 딕은 웃으면서 이렇게 말했다. "그때 그 부분은 참나와 함께 있어요. 참나와 함께할 때 당신은 그 부분에 뒤섞여 압도당하지 않아요. 그 부분은 참나와 계속 연결된 채 빛나고 있지요."

딕의 대답을 통해 나는 '칼을 빼 든' 내면 부분에 대해 알아보는 시간을 가졌던 게 참으로 소중한 일이었음을 깨달았다. 나는 병원과 전화 통화를 할 때 참나의 에너지가 현존함을 느끼며 '칼을 빼 든' 부분과 완전히 뒤섞이기보다 그것이 나를 돌보도록 허용했다. 나는 어떤 식으로든 그것과 엮여 있었지만 완전히 지배당하지는 않았다. 그 부분은 참나의 에너지와 함께하며 그 순간 자신이 아는 최선의 방식으로 나를 보호하려고 개입했을 뿐이다.

한 시간 뒤 나는 '칼을 빼 든' 부분을 들여다보며 무엇을 필요로 하는지 물었다. 답은 확실했다. "병원 안내 데스크에 있는 여직원에게 사과해야 해." 이는 수치심이나 후회가 아니라 상호 존중에 대한 열망에서 나온 답이었다. '칼을 빼 든' 부분은 자신이 나서서 병원에 솔직한 피드백을 전함으로써 나를 보호하려 했던 게 옳은 일이었음을 알고 있었다. 다만 보호자로서의 역할 외에 자신의 메시지 전달 방식이 세심하지 못했다는 점도 인지하고 있었다. 그리고 실제로 참나를 초대해 자신의 잘못을 바로잡도록 요청했다.

참나의 용서에 전념함으로써 '칼을 빼 든' 부분은 오늘도 나의 삶에서 중요한 역할을 하고 있다. 한때는 극단적이었지만 지금은 참나와 연결되어 자신의 진실을 분명히 말하고 용기 있게 경계를 설정하는 능력을 갖게 되었다. 이 변화는 매우 심대해서 나는 이 부분의 이름을 다시 지었다. 이제는 그것을 '칼을 빼 든' 부분이 아니라 나의 필요를 돌보는 '바운더리(경계) 부분'이라 부른다.

타인의 빛을 보라

자신의 내면 부분을 용서하는 데 익숙해지면 놀라운 일이 일어난다. 타인의 내면 부분을 용서하기가 쉬워진다는 점이다. 최근에 나는 한때 내 감정을 자극하던 남편의 행동에 호기심과 연민의 마음이 생기는 걸 보았다. 나는 질책하듯 남편에게 "도대체 왜 그래?"라고 쏘아붙이는 대신 이렇게 물었다. "어떤 도움이 필요해?" 이렇듯 진심 어린 질문으로 내 에너지에 변화를 주자 자극받은 남편의 내면 부분이 존중과 연민을 느끼면서 자신의 목소리를 냈다. 비록 남편이 자기 내면의 특정 부분과 깊이 뒤섞여 그 순간 참나와 연결되지 못했을지라도, 나는 참나에 머물며 남편의 경험을 위한 공간을 마련해 주었다. 어떤 때는 남편이 나에게 그렇게 해 주기도 한다. 이로써 참나가 이끄는 관계가 자연스럽게 만들어진다.

인간을 수많은 부분의 집합체로 바라볼 때 깊고 의미 있는 관계를 만들 수 있다. 나는 살면서 모르는 사람(길거리의 행인, 가게 계산원, 화상 통화하는 사람 등)의 부정적인 에너지에 맞닥뜨릴 때마다 저항하기보다 사랑으로 응답한다. 참나의 에너지를 타인에게 전하기로 선택하면 그들의 내면 부분이 바로 내 눈앞에서 부드러워지는 게 보인다. 지금은 세상을 떠난 친구이자 멘토인 웨인 다이어 박사가 한 강연에서 이렇게 말한 걸 들은 적이 있다. "타인의 내면에 존재하는 빛을 보세요. 그 빛이 당신에게 보이는 모든 것인 양 그들을 대하세요." 자기 내면의 빛을 보기로 선택할 때 타인의 내면에 깃든 빛을 보는 능력도 덩달아 커진다. 내면 부분들과 연결되어 자신의 고통을 연민의 마음으로 이해할 때 타인의 고통도 더 쉽게 알아볼 수 있다. 그들에게 수치심을 안기는 대신 참나의 렌즈, 빛의 렌즈로 그들을 바라보리라 선택할 수 있다.

이에 관한 최신 사례를 소개한다. 내가 진행한 한 워크숍에서 행사 기획자가 '삐딱한 표정'으로 걸어 다니고 있었다. 그녀는 내 눈을 똑바로 쳐다보지 못했다. 처음엔 그녀가 풍기는 분위기에 내 안의 부분들이 자극을 받았다. 하지만 나는 거기에 영향받지 않고 내면을 들여다보기로 했다. 내면 점검 과정에 들어가 자극받은 부분과 연결했다. 그러자 내면에서 직관의 목소리가 들려왔다. "그녀를 영적 과제라고 생각해. 사랑으로 그녀를 바라봐." 참나의 안내를 받은 이 한 차례의 점검 과정을 통해 그날 하루가 완전히 바뀌었다. 나는 참나의 에너지와 진정으로 연결되어 있음을 알았고, 하루 종일 진심으로 그 에너지를 그녀에게 보냈다. 점심 휴식 때 나는 그녀에게 다가가 진실한 호기심으로 그녀의 삶에 대해 물었다. 나중에 분위기가 조금 가라앉은 것을 본 나는 속으로 조용히 그녀를 위해 기도했다.

그날 하루를 지내며 그녀의 에너지는 점점 가벼워지고 있었다. 심지어 농담을 하기도 했다. 워크숍이 끝난 후 그녀가 강사 휴게실에 있던 나를 찾아왔다. "개비, 난 심각한 사회불안을 겪고 있어요. 때로 일을 하기가 힘들 정도예요. 하지만 오늘은 어떤 이유에서인지 당신과 연결되었다고 느껴져서 정말 마음이 편해요." 엄청난 기적이다. 나의 참나 에너지로 그녀는 평온함을 느꼈다. 자신의 진정한 참나에 연결된 것이다. 매일 이런 경험을 할 수 있는 기회를 갖는 건 크나큰 행운이다. 이 모든 건 내 안의 부분들을 들여다보며 참나와 연결되는 습관을 만들었기에 가능한 일이다. 나는 내 안의 부분들, 거기에 깃든 빛을 봄으로써 웨인 다이어가 전한 지혜를 받아들인다. 즉, 타인의 내면에 있는 빛을 보고 그 빛이 내가 보는 전부인 양 그들을 대한다.

타인이 맞닥뜨린 도전을 결코 과소평가해서는 안 된다. 모든 사람은 내면에 예민한 부분, 극도로 경계하는 부분을 가지고 있다. 그들은 자극을 받는 순간 자신을 보호하려고 준비하고 있다. 이런 렌즈로 인간이 처한 조건을 바라볼 때 그들이 겪는 고통의 원천에 빛을 비출 수 있다. 우리가 각자 내면 부분들과 참나 사이에 신뢰의 연결을 맺을 때, 내면 부분들을 용서할 때, 비로소 우리는 타인에 대한 공감과 연민을 키울 수 있다. 참나의 집단적 에너지를 만듦으로써 우리는 세계의 에너지를 변화시킬 수 있다. 따라서 참나와의 개인적인 연결의 힘을 과소평가해서는 안 된다.

공감자를 위한 조언

만약 이 글을 읽고 있는 당신이 타인에게 잘 공감하는 사람이라면, 그런 당신에게 빛을 비추고 싶다. 아마도 당신은 익숙해지고 싶은 타인의 특정 부분에 관해 생각하고 있을 것이다. 잠시 그런 바람을 관찰하면서 타인에게 도움을 주려는 당신의 내면 부분에 주의를 기울인다. 참나의 에너지를 진정으로 표현하는 유일한 방법은 자기 내면으로부터 그것을 체화하는 것이다. 세상에 긍정적인 영향을 미치고자 한다면 그 첫걸음은 자신의 진정한 참나와 다시 연결되는 것이다. 명심하라. 이 책의 제목은 '타인을 돕는 법'이 아니라 '참나의 도움[원제: Self Help]'이다. 다른 사람을 치유하려고 자기 자신의 치유 여정을 외면하려 하는 내면의 목소리에 유의해야 한다.

자기 사랑의 참된 의미

자신의 보호자 부분을 알아보는 힘이 생기면 타인의 보호자 부분을 더 쉽게 알아볼 수 있다. 마음 깊은 곳에서 우리는 모두 참된 사랑과 연결을 원하고 있다. 사랑하고 사랑받는 것 말이다. 당신 안의 모든 부분을 사랑할 때 타인의 부분들에 대해서도 부드러워진다. 이 말이 요가원 매트에 적힌 글귀처럼 들릴지 모른다. 그러나 오늘 나는 온 마음을 다해 이 말이 진실이라고 말할 수 있다. 우리 내면의 모든 부분을 사랑할 때 진정으로 사랑받는 느낌이 일어난다. 이것이 자기 사랑의 진정한 의미다.

자기 안의 부분을 용서하는 일은 가장 위대한 자기 사랑의 행위이며, 이때 깊은 안전감과 평화가 찾아온다. 내면 부분들을 자유롭게 풀어주고 그것과 연민으로 연결될 때 우리의 모든 부분에 사랑받고 있다는 메시지를 보낼 수 있다. 내면의 괴로움에 대한 진정한 해결책은 자신의 모든 부분을 사랑하고 받아들일 때 찾아온다. 사랑받는다는 건 자신의 모든 부분을 사랑한다는 말이다.

내면 부분들을 용서함으로써 우리는 자신과 타인을 이해하고 인식할 수 있다. 참나의 용서를 깊이 경험할 때 가슴이 열릴 뿐 아니라 더 큰 의미와 평온함으로 가득한 삶을 선물로 받게 된다. 이런 감정을 아름답게 포착한 딕 슈워츠의 말로 이 장을 마무리하고 싶다. "자신의 모든 면을 품어 안고 사랑할 때 우리는 그 사랑을 모든 인류에게 전할 수 있다. 그 과정에서 우리는 세상을 치유하는 데 일조하게 된다."

11장

참나가
인도하는 삶

최근에 나는 여행 일정 때문에 꼬박 한 달간 상담 치료를 건너뛰었다. 치료 세션에 돌아온 나는 치료사에게 이렇게 말했다. "기분 나쁘라고 하는 소리는 아닌데요. 한 달 동안 상담을 안 받아도 괜찮았어요." 치료사가 대답했다. "그건 당신이 '참나'의 도움을 연습했기 때문일 거예요."

그녀의 말이 옳았다! 참나에 대한 신뢰가 커지자 내면에서 도움을 구할 수 있었다. 그렇다고 치료가 가치 없는 건 아니었다. 치료는 참나에 대한 신뢰를 키우는 데 분명 도움이 되었다. 안내와 지지를 받는다고 느끼며 언제 어디서든 나의 내면을 돌볼 수 있었다. 내가 겪는 고통은 나 혼자만의 것이 아니었다. 당시에는 잘 몰랐지만, 나는 하루 종일 참나와 직관적으로 연결되어 있었다. 때로는 아주 짧은 순간이었지만 그건 중요하지 않았다. 중요한 건 참나와 반복적으로 연결되는 과정에서 내면의 안전감을 느꼈다는 사실이다.

감정이 자극받을 때면 나는 본능적으로 옆으로 비켜서서 내 안의 근원적인 생각과 감정을 살피는 내면 점검 과정에 들어갔다. 호기심을 갖고 감정들을 살폈다. 그런 다음 그것과 연민으로 연결하며 무엇이 필요한지 물었다. 참나의 특성을 확인하고 나면 그 부분이 부드러워지면서 내면에 안전감과 편안함이 일어남을 볼 수 있었다. 매일 하는 이 점검 과정은 이제 자연스러운 습관으로 자리 잡았다.

매일 내면 점검 과정을 꾸준히 반복하자 자동반응이 줄어들고 온전히 현재에 머물게 되었으며 내 안의 모든 부분에 연민을 갖게 되었다. 지속적인 내면과의 연결을 통해 나는 더 이상 '내면이 되어' 말할 필요가 없어졌다. 대신 내면을 '위해' 말할 수 있었다. 물론 여전히 특정 부분 때문에 감정의 홍수에 빠질 때도 있지만 그럴 때조차 참나가 함께하고 있음을 안다. 나는 내면 부분 안에 머물면서 그것이 행동하고 소리치고 말할 공간을 마련해 준다. 그러는 동안에도 참나가 나와 함께 있으면서 그 부분이 보고 들을 수 있는 공간을 지켜 주고 있음을 알기 때문이다. 내 목표는 흥분하거나 극단적인 감정을 일으키지 않는 게 아니다. 나의 모든 부분이 자신의 필요를 자유롭게 표현할 수 있게 하는 것이다. 각 부분과 지속적으로 접촉함으로써 그들은 내면에서 자유로움을 느끼며 필요한 도움을 얻는다.

통합의 경험

나는 치료사와 나눈 대화를 통해 나의 내면가족이 얼마나 통합되어 있는지 알 수 있었다. 모든 부분이 조화롭게 작용하고 있다. 언제든 참나가 앞으로 나와 자극받은 감정들을 도울 수 있는 공간이 마련되어 있다. 나는 참나와의 연결을 통해 보호자 부분이 앞으로 나와 주도권을 잡을 필요가 없다는 걸 깨달았다. 직장에서 통제자 부분이 모습을 드러낼 때도 참나가 도움을 주었다. 내 안의 두려움 부분이 자신의 필요를 표현할 때도 참나가 곁에 있어 그의 말에 귀 기울였다. 방어적인 기분이 들 때면 예전에 '칼을 빼 든' 부분이라 부르던 '바운더리 부분'이 나타나 그 감정에 숨을 불어넣으며 점검 과정을 위한 공간을 마련했다.

무엇보다 나는 참나와 연결된 상태에서 내면의 모든 부분을 돌보며 관찰할 수 있다. 참나에 대한 이런 신뢰를 바탕으로 나의 모든 부분은 서로 다투지 않고 평화롭게 공존하고 있다. 보호자 부분들로 구성된 나의 내면가족이 참나를 신뢰할 때 그들은 더 이상 주도권을 쥐려고 시도하지 않는다. 대신 언제나 참나가 곁에 있어 도움을 주리란 걸 믿는다. 나의 어떤 부분도 참나와 연결되는 데 방해가 되지 않는다. 모든 부분이 참나가 도움을 주도록 허용하고 있다.

내면가족체계에서는 이런 경험을 통합[integration]이라 부른다. 이는 내면가족체계를 이루는 부분들 사이에 협조와 이해, 협력의 감각이 만들어질 때 일어난다. 통합이 이루어지면 내면 부분들이 서로 갈등하는 대신 더 큰 조화와 균형을 이루며 그것들 사이에 건강한 관계가 형성된다.

통합을 경험하고 난 뒤 나는 모든 내면 부분이 참나를 신뢰한다는 게 무엇인지 직접 느낄 수 있었다. 지금도 불쑥 내면 부분이 자극을 받기도 하지만 그 어떤 부분도 주도권을 쥐지 않는다. 대신 그들은 참나가 도움을 주도록 허용하면서 자신의 감정을 느끼고 자신의 필요를 자유롭게 표현한다. 나의 내면 부분들은 참나가 자신들을 돌보고 있음을 믿는다. 나는 내면의 균형과 조화라는 내면가족체계의 기적을 경험했다. 내면 부분들이 조화를 이루고 갈등이 해소될 때 우리는 삶을 (그리고 삶의 시련을) 더 평온하게 헤쳐 나갈 수 있다. 내면 부분들이 리더인 참나와 협력할 때 이루지 못할 일은 없다.

균형 잡힌 삶을 사는 비결

참나와 연결될 때마다 그에 대한 신뢰가 쌓인다. 여느 관계와 마찬가지로, 참나에 대한 신뢰를 쌓는 데도 시간이 걸리며 반복적인 행동이 필요하다. 자신의 내면을 자주 점검할수록 참나에 대한 신뢰를 더 많이 쌓을 수 있다. 지금까지 이 책을 따라오면서 당신은 참나를 신뢰하는 순간을 경험했을 것이다. 중요한 결정을 내리는 데 도움이 된 내면의 평온함을 느꼈을 수 있다. 아니면 특정 부분에 대한 연민이 일어나 그것이 자유로워지는 걸 느꼈을 수도 있다. 참나와 만날 때마다 당신은 안전하고, 내면에 도움을 주는 존재가 있으며, 혼자가 아니라는 메시지를 뇌에 전한다. 이 미묘한 순간들이 쌓이면 머지않아 참나에 대한 신뢰와 연결이 실현되면서 내면의 균형이 찾아온다. 내면 부분들이 참나와 조화를 이룬다.

우리는 살면서 균형과 조화를 추구한다. 운동, 요가, 명상, 나만을 위한 시간을 가지며 균형과 조화를 얻고자 노력한다. 내가 알게 된 사실은 이런 일회성 시도가 스트레스로 가득한 우리 삶에 일시적인 위안을 제공할 순 있어도 진정한 균형으로 나아가는 길은 '아니'라는 점이다. 균형은 내면세계가 조화를 이룰 때 찾아온다. 참나에 대한 신뢰는 내면의 평온하고 연결된 존재에 의해 인도받는다는 느낌을 준다. 힘겨운 사건이나 실패에 직면해서도 언제나 내면에 안전함이 있음을 안다. 균형 잡힌 삶을 사는 비결은 참나를 신뢰하는 것이다.

나는 친구에게서 이런 균형을 보았다. 그녀는 내면 점검 과정을 연습함으로써 내면의 균형을 길렀고 참나의 에너지와 수월하게 연결될 수 있었다. 그 친구는 오랫동안 내면의 '과도한 성취욕 부분'으로 힘들어했다. 육아, 직장, 연애, 심지어 운동 루틴 등 모든 삶의 영역에서 그 부분이 모습을 드러냈다. 그러다 내면 점검 과정을 꾸준히 실천하자 다시 참나와 연결될 수 있었다. 외부의 인정을 통해 내면의 안전을 확보하려는 의존성을 내려놓은 그녀는 더 이상 '과도한 성취욕 부분'으로 자신의 가치를 인정받으려 하지 않는다. 모든 걸 통제하려는 성향도 줄었다. 성취를 통해 안전감을 느끼려는 압박감이 사라지자 덩달아 '주변 사람을 기쁘게 하려는 부분'도 줄었다. 참나와 연결될 때마다 그녀는 내면 부분들이 편안히 쉬는 데 필요한 신뢰를 보냈다. 참나의 에너지와 함께할 때 그녀의 내면 부분들은 차분해지고 조화를 이루었으며, 이것이 그녀의 태도와 에너지 그리고 삶을 변화시켰다.

진정한 균형은 외부의 변화가 아니라 내면의 조화와 안정으로부터 온다. 내면에서 안전하다고 느끼며 참나를 신뢰할 때 편안하게 삶을 살아갈 수 있다. 내면의 안전감은 위험을 감당하는 용기, 변화를 창조하는 명료함, 장애물을 헤쳐 나가는 평온함을 선사한다. 참나를 신뢰할 때 당신은 인도받는 삶을 살게 된다.

그들은 진심으로 믿고 있을까

참나를 신뢰하는 일이 처음에는 어려울 수 있다. 내면의 보호자들은 누군가를 신뢰하는 게 안전하다고 생각하지 않는다. 더구나 눈에 보이지 않는 내면의 존재를 믿는 건 더욱 그렇다. 그러나 희망의 존재는 보호의 장벽을 뚫기에 충분하다. 나의 이야기와 이 책의 내용, 그리고 참나의 특성이 우리 삶을 실제로 개선한다는 사실(수면의 질 개선, 인간관계 향상, 자기 가치감 강화 등1)은 실용성을 중시하는 보호자들에게 희망을 전할 뿐 아니라 참나의 도움이 실제로 효과가 있다는 증거가 된다. 참나를 신뢰하지 못하게 만드는 제한적인 신념을 잠시 내려놓자.

　내면 점검 과정은 참나에 저항하는 특정 부분을 알아보는 데 목적이 있다. 참나를 신뢰하는 것에 대한 내면 부분들의 우려를 표현할 기회를 제공한다. 이 책을 통해 당신은 내면의 보호자들에 대해 잘 알게 되었다. 이는 그들로부터 거리를 두면서 객관적으로 바라볼 수 있게 되었다는 의미다. 예를 들어, 허리 통증이 일어날 때 내 남편은 그것에 압도당하기보다 내면 점검 과정을 통해 보호자를 들여다본다. 그와 마찬가지로 당신도 내면 부분들을 당신과 분리된 존재로 바라보는 순간을 경험했을 것이다. 내면을 들여다보기로 선택할 때마다 당신은 호기심과 열림으로 그들에게 참나의 에너지를 일으켰다. 그러니 당신은 분명 참나의 빛을 경험했다고 말할 수 있다.

　당신의 내면 부분들은 진심으로 참나를 신뢰하는가? 내 경험으로 볼 때 한 번의 점검 과정, 참나에게 도움을 청하는 한 번의 기도, 잠깐의 글쓰기, 한 번의 명상 등 참나와 잠깐이라도 연결될 때마다 그것에 대한 신뢰가 쌓인다. 매일 한 순간씩 자신의 내면 부분을 관찰하면 내면에 새로운 근육이 만들어져 참나에 대한 믿음이 점점 더 깊어진다.

　지금부터 소개하는 마지막 내면 점검 과정은 여전히 참나에 저항하는 내면 부분들을 돕기 위한 것이다. 신뢰를 쌓는 가장 강력한 방법은 진실을 말하는 것이다. 이 점검 과정에서 나는 당신의 내면 부분들이 참나에 대한 저항을 경험하고, 알아차리고, 존중하며, 목소리를 내도록 안내할 것이다. 진실은 소중한 정보이며 모든 관계에서 중요하다. 참나와 부분 사이의 신뢰 관계, 앞으로 지속적으로 당신에게 도움이 될 이 관계를 만드는 데는 명료함이 필요하다. 바로 지금 여기에서, 참나의 도움을 받는 것에 대한 내면 부분들의 두려움과 걱정을 표현하게 할 수 있다.

내면 점검: 저항하는 부분 들여다보기

지금 바로 내면 점검 과정을 시작할 마음이 든다면, 참나를 신뢰하지 않는 내면 부분을 들여다보기로 선택한다(아직은 내면의 모든 부분이 참나를 신뢰하지 않는 상태일 수 있다).

이제 그 부분에 호기심을 갖는다. 잠시 그것이 당신의 어느 신체 부위에 머물고 있는지 살펴본다. 그 부분에 달라붙어 있는 느낌, 감정, 생각은 무엇인가? 그 부분에 주의를 집중하면서 호기심 어린 질문을 던져 본다.

- 참나가 여기 있음을 알아차릴 수 있니?
- 알고 있다면 참나에 대해 어떤 느낌이 드니?
- 참나가 도움을 줄 수 있다고 생각하니?

- 아니면 참나와 연결되는 게 불가능하다고 믿니?
- 이 책의 여정을 지나는 동안 혹은 집중하는 동안 참나의 빛을 느껴 본 적 있니?

자연스럽게 떠오르는 추가 질문이 있다면 얼마든지 하면서 호기심을 더 일으켜 본다.

관찰자가 되어 내면 부분을 바라볼 수 있다면, 이제 당신은 그것과 연민으로 연결될 준비가 되었다. 펜과 노트를 꺼내 그 부분이 다음 질문에 자유롭게 답하도록 허용한다.

- 참나가 여기 있음을 알아차릴 수 있니? (잠시 귀 기울여 들은 뒤에 대답한다.)
- 참나가 들어오는 것에 거부감이 드니?
- 그와 관련한 모든 느낌, 생각, 감정을 적어 봐.
- 참나를 더 신뢰하기 위해 필요한 게 무엇이니? (잠시 귀 기울여 들은 뒤에 대답한다.)
- 참나가 너를 돌본다는 걸 믿을 수 있다면 어떤 느낌일 것 같아?
- 네가 부담스럽게 여기는 믿음, 느낌, 에너지, 감정 가운데 참나에게 알려 주고 싶은 게 무엇이니? (자연스럽게 대답하도록 한다.)

이제 마지막 질문을 따라가며 참나의 특성을 확인한다. '참나는 당신에 대해 어떻게 느끼는가?'

당신은 참나의 특성인 연민, 연결, 호기심, 창조성, 용기, 평온함, 명료함, 확신을 보았는가? 이를 확인할 때 내면에 더 깊은 참나의 감각이 일어나는지 잠시 살펴본다. 참나와 조금이라도 연결되었다고 느껴지면 그것이 몸에서 어떻게 느껴지는지 살펴본다.

- 더 현존하고 있다는 느낌이 드는가?
- 호흡이 이전과 어떻게 달라졌는가?
- 더 명료해진 느낌이 드는가?
- 내면에서 지혜, 평온함, 연민의 감각을 느낄 수 있는가?
- 신뢰의 감각을 느낄 수 있는가?

잠시 이 느낌들과 함께 머물며 거기에 숨을 불어넣는다. 내면 부분들이 참나의 에너지를 느낄 기회를 준다. 자리에 앉아 원하는 만큼 고요히 머물러 본다.

준비가 되었다면, 참나와 연결되었을 때 경험한 것들을 노트에 적어 본다. 내면 부분이 느끼는 참나에 대한 저항감이 조금이라도 줄었는지 살펴본다. 당신이 지금 알아차린 것을 노트에 기록한다.

의식적으로 접촉하기

이 마지막 내면 점검 과정으로 참나에 대한 내면 부분들의 저항이 조금이나마 녹아 없어지길 바란다. 참나에 대한 신뢰를 형성하는 데 있어 가장 중요한 건 얼마나 빨리 신뢰를 만드느냐가 아니라 그것을 얼마나 단순한 과정으로 만드느냐다.

하루 5분 내면 점검

하루 5분 내면 점검 과정을 통해 내면에 참나의 에너지가 커질 수 있다. 한 번에 한 차례 점검 과정으로 의식과 가슴이 열리면서 참나의 도움으로 내면의 변화가 일어남을 볼 수 있다. 하루에 한 번 내면을 들여다보는 작은 행동만으로 삶 전체를 변화시키는 직관적인 습관을 만들 수 있다.

참나의 특성 축복하기

이 책 전체에 걸쳐 나는 참나에 대한 믿음이 내 삶을 치유한 과정을 이야기했다. 나는 참나가 우리를 도울 수 있음을 보여 주는 살아 있는 증거다. 그러나 내 이야기가 당신에게 희망을 줄 수 있을지언정, 참나에 대한 진정한 믿음은 오롯이 당신 내면의 변화에서 비롯한다. 참나의 빛에 가만히 주의를 기울이며 그것이 커져 가는 것을 지켜보라. 나는 하루를 마무리하는 밤 시간에 그날 하루 참나와 연결된 경험을 돌아보는 시간을 갖는다. 그날 하루 참나가 인도한 편안함의 순간, 한때 나를 지배하던 내면 부분들이 아닌 참나가 주도한 경험을 노트에 기록한다. 매일 밤 5분 정도 그날 하루 경험한 참나의 특성을 축복하는 시간을 갖는다. 이 연습을 통해 참나와의 관계가 발전해 가는 과정, 그 과정에서 일어나는 변화들에 세심한 주의를 기울일 수 있다. 매 순간 참나와의 연결은 축복할 만한 기적이다. 참나와 연결되었다고 느낀 순간을 매일 저녁 노트에 기록해 보라. 당신이 사용한 내면 점검 과정, 편안하고 본능적으로 헤쳐 나간 상황을 돌아본다. 이렇게 매일 참나와 연결된 순간을 알아보고 축복하는 시간을 갖는다.

이 두 가지 일일 과제를 실천하면서 내면에서 일어나는 변화를 알아차려 보라. 작은 변화가 쌓이면 커다란 변화가 일어난다. 이 과정을 지속하면서 하루에 한 번 5분 내면 점검 과정을 연습한다. 의식적으로 내면 부분들과 접촉할 때 참나가 더 자주 모습을 드러낼 것이다.

일상을 바꾸는 참나의 리더십

참나와의 연결이 깊어지고 신뢰가 쌓이면서 내 안의 연민과 지혜

부분도 자라났다. 또한 그 에너지를 나의 팀 리더십에 가져가는 일도 훨씬 수월해졌다. 감정이 불쑥 올라오는 순간에도 그것이 가능했다. 나는 팀의 비공식 미팅 자리에서 직원들에게 내면가족체계를 가르치고 내면 점검 과정을 알려 준다. 궁극적인 내 목표는 직원들이 자신의 내면 부분들을 '위해' 말할 수 있도록 돕는 것이다. 실제로 한 직원은 그 연습을 해 보고 내면 점검 과정에 대해 좀 더 배우고 싶다고 말했다.

몇 달 후 나는 그 직원과 실시간으로 내면 점검 과정을 함께 했다. 우리는 업무상의 문제로 화상 통화를 하고 있었다. 본 대화에 들어가기 전 내가 확신에 찬 어조로 말했다. "지금 내 안의 어떤 부분이 아주 크게 자극을 받았어요. 이 상황은 정말 내 뚜껑을 열죠." 직원은 미소 지으며 그 부분을 대신해 말해 줘서 고맙다고 했다. 순간 편안함의 에너지가 밀려들었다. 그런데 우리가 대화를 이어 가는 동안 그 부분이 더 자극을 받아 예민해지는 순간이 있었다. 그래서 어느 순간 의도치 않게 그녀를 불쾌하게 만들었는데, 이를 알아차린 나는 말했다. "기분이 상했다면 미안해요. 내 의도는 그게 아니었어요." 나는 그녀의 한 부분이 튀어나와 스스로를 보호하기 위해 방어적으로 반응하는 걸 볼 수 있었다. 우리는 조금 더 이야기를 나누며 그 문제를 부드럽게 마무리 지은 뒤 화상 통화를 끝냈다. 5분 뒤 그녀에게서 메시지가 왔다.

직원: ♡ 오늘 당신의 내면 부분에 대해 말해 줘서 고마워요. 그 덕에 내 안의 부분에 대해 말하기가 더 쉬웠어요. 내 안의 어떤 부분이 내 능력을 재확인하고 싶어 하는 걸 알았어요. 그것을 조금 진정시킬 필요가 있다는 것도요.

나: 우리의 내면 부분에 관해 이야기하는 건 얼마나 멋진 일인가요! 이것이 내면가족체계에서 말하는 참나의 리더십이 발휘하는 마법이에요. 내면 부분의 언어로 말하려는 당신이 정말 멋져요!

직원: 우리는 얼마나 운이 좋은가요! 보세요, 당신은 우리의 내면 부분에 대해 편안하게 이야기할 수 있는 공간을 만들었어요!

나: 내 안의 부분들이 어떻게 편안해질 수 있는지 많이 배우고 있어요. 그 부분이 '되어' 말하는 게 아니라 그들을 '위해' 말해야 한다는 걸요.

직원: 좋아요! 당신의 사고방식과 내면 부분들이 드러나는 방식에 정말 공감해요. 당신과 무엇이라도

함께 만들어 갈 수 있고, 그걸 당신에게 전해 줄 수 있다는 생각이 들어요!

나: 이런 상호작용이야말로 최고의 순간이 아닐까요. 우리가 내면 부분을 위해 말한다면 서로의 삶이 분리되지 않고 연결되어 있음을 알 수 있어요. 그럴 때 문제와 오해는 자연스레 해결될 거예요.

이 경험은 참나의 실제 작용을 보여 주는 좋은 본보기다. 가장 중요한 순간에 내면 부분이 말하게 하고 그것을 알아봄으로써 나는 대화를 나누는 내내 편안한 마음을 유지할 수 있었다. 내가 내면 부분을 위해 말하는 걸 본 직원도 그렇게 할 수 있었다. 이는 기적 같은 상호작용을 일으켰다. 예전이라면 침묵의 분노와 불편한 대립으로 이어졌을 상황이 오히려 두 사람의 유대감을 형성하는 경험으로 바뀌었다. 우리는 서로의 내면 부분을 연민으로 바라보았고, 그렇게 함으로써 더 깊은 연결을 만들었다.

동료들과의 만남이 이렇게 흘러간다면 어떨지 상상해 보라. 얼마나 많은 시간을 절약할 수 있을까! 모든 인간관계에 이를 적용할 수 있다. 다른 사람과 갈등 상황에 놓였을 때 내면 부분으로서가 아니라 그 부분을 위해 깨어 있는 마음으로 말할 수 있다면 어떨까? 그 순간 참나의 돌봄 능력을 가질 수 있다면 어떨까? 버력 화를 내기보다 당신의 필요를 충족시킬 수 있다면 어떨까? 생각해 보라. 다른 사람과 이런 방식으로 관계를 맺을 수 있다면 멋진 일이 아닐까? 친구여, 이것이 바로 당신이 참나와 신뢰를 쌓을 때 실제로 일어나는 일이다.

참나에 의지할 때 생겨나는 것들

참나를 신뢰하는 내면 경험은 우리에게 많은 것을 약속한다. 참나의 연민이 자연스럽게 일어나 내면 부분들과 그들의 필요를 비판단적으로 바라볼 수 있다. 내면 부분들이 참나와 통합되면 자신의 모든 부분에 마음이 열리고 호기심을 느낀다. 참나가 주도권을 쥐면 내면 부분들을 자연스럽게 인정하고 받아들일 수 있다. 그 부분들이 가진 긍정적인 의도를 알아보고 그들이 안정될 공간을 만들 수 있다.

현존의 감각

참나를 신뢰할 때 당신은 현존하면서 내면의 어떤 부분이 일어나든 그것에 마음을 열 수 있다. 보호자 부분의 생각과 감정을 받아들이고 존중하는 일이 제2의 천성이 된다. 당신의 느낌과 감각을 관찰하면서 그것을 '위해' 편안하게 말할 수 있게 된다.

참나의 현현

참나를 신뢰할 때 얻는 가장 큰 이익은 영적 연결과 직관에 대한 믿음이 커진다는 점이다. 이 평화롭고 확신에 찬 상태에서 당신은 내면과 주변에 존재하는 강력한 에너지와 연결되어 있음을 느낀다. 그 힘은 자석과도 같아서 주변의 비슷한 것들을 끌어당긴다. 또한 직관이 확장되어 마치 내면의 안내 시스템이 삶을 이끄는 듯한 느낌을 받는다. 놀라운 우연의 일치가 일어나고, 누군가 당신의 삶을 인도하고 이끌며 목적을 지닌 것처럼 느껴진다.

내면의 지혜

참나를 신뢰할 때 생기는 또 다른 확실한 현상 중 하나는 내면의 지혜가 커진다는 점이다. 스스로에 대해 명료해지고, 어떻게 결정을 내리고 어떻게 삶을 편안하게 해야 할지 본능적으로 알게 된다. 이를 강력한 직관, 내면의 인도, 앎으로 생각하라. 당신은 이런 내면의 지혜를 믿고 그것을 길잡이 삼는 법을 배울 것이다. 이 지혜는 당신이 명상하는 동안 영감에 찬 생각이나 직관적인 지침으로 나타난다. 내면의 지혜에 다가가는 일이 자연스러워질수록 더욱 그것을 믿고 따르게 될 것이다.

목적의식의 고양

자신의 목적과 강한 연결감을 느낀다. 내면 부분들이 생각하는 당신에 대한 인식을 내려놓고, 대신 더 깊은 의미에 의해 인도된다. 참나에 대한 감각이 커지면서 자연스럽게 전체를 위해 봉사하고 헌신하고 싶어진다. 참나의 렌즈로 세상을 바라봄으로써 자연스럽게 당신 안에 사랑이 흐를 것이다. 이것이 바로 당신의 목적이다.

외부세계와 내면세계의 연결

참나에 대한 신뢰가 커지면 한때 당신의 감정을 자극했던 상황을 헤쳐 나가기가 훨씬 쉬워진다. 중독 패턴에 대한 의존성이 줄어들고 해결책에 대한 직관적인 안내를 받는다고 느낀다. 자신의 느낌과 감각을 관찰하면서 편안하게 그들을 '위해' 말할 수 있게 된다. 내면에서 안전감을 느낌으로써 인간관계에서 오는 외부적 안전감과 유대감도 더욱 커진다.

자유로움

내면 부분들과 뒤섞이지 않는 당신은 언제라도 참나에게 도움을 청함으로써 모든 장애물을 헤쳐 나갈 방법이 있음을 믿는다. 참나와 연결되어 내면 부분들을 도울 수 있는 능력을 믿는다. 당신은 더 이상 내면 부분의 희생자가 아니다. 참나가 그들을 도울 수 있게 해 주는 온화한 관찰자다.

이 약속들은 모두 진실이다. 내가 직접 경험했기에 자신 있게 말할 수 있다. 참나에 대한 신뢰를 토대로 나는 언제라도 내면으로 향해 내 안에 있는 지혜에 나를 내맡길 수 있다. 이 모든 것과 그 이상을 약속한다.

희망의 상인

지금 이 순간, 당신이 나의 경험을 믿고 나의 진실에 의지하길 바란다. 당신의 믿음에 근본적인 전환을 일으킬 영적인 변화가 손에 닿을 만큼 가까이 있다.

내면가족체계에는 희망의 상인[hope merchant]이라는 용어가 있다. 내면가족체계 수련자와 치료사는 환자들에게 희망을 전달하는 사람이라는 개념이다. 이들은 자신의 참나 에너지를 환자들과 나눔으로써 그들이 치유될 수 있으며 진정으로 내면의 조화를 이룰 수 있다는 확신을 선사한다. 나도 당신에게 그렇게 하고 싶다. 당신에게 희망의 상인이 되고 싶다. 내가 매년 책을 쓰는 진정한 동기는 당신에게 희망을 전하기 위함이다. 내가 당신을 위해 내면 점검 과정을 대신해 줄 수는 없다. 나는 당신의 치료사가 아니다. 그러나 당신을 위한 희망의 상인이 될 수는 있다. 당신이 참나에 대한 나의 믿음을 빌려 가 스스로 내면 점검 과정에 전념함으로써 기적 같은 변화를 경험하길 바란다.

나는 당신의 변화를 위한 공간을 마련하고자 여기 있다. 당신이 여기까지 온 걸 자랑스럽게 생각한다. 이 책에 담긴 한 글자 한 글자를 읽을 때마다 당신은 참나가 나타나도록 초대하고 있다. 참나에 대한 나의 안내와 이해가 이 책의 모든 페이지에 스며 있다. 이 여정을 계속해 나가는 동안 언제나 존재하는 참나의 도움에 의지하길 바란다.

준비는 끝났다

이 책의 편집을 마무리할 즈음, 나는 책 쓰기가 업무 압박과 여러 가지 변화로 인해 내 안의 수많은 보호자 부분을 자극한 힘든 시기였음을 깨달았다. 그런 어려움에도 불구하고 이 경험은 놀라웠다. 참나의 도움이 가져다주는 긍정적인 효과를 직접 목격할 수 있었기 때문이다. 이제 힘겨운 상황을 헤쳐 나갈 때조차 나는 내 안의 자극받은 부분을 들여다보며 점검할 수 있다. 더 이상 그 부분과 뒤섞이지 않으며 내게 선택권이 있음을 기억한다. 참나와의 연결을 유지함으로써 외적인 혼란 한가운데서도 내면의 안전함을 느낀다. 오늘 오후 치료 세션에서 이런 심오한 변화를 실시간으로 경험했다.

나는 집 근처 언덕을 오르며 길을 걷는 동안 전화상으로 치료 세션을 진행했다. 3킬로미터가 넘는 거리를 걸으며 세션 시작 전 자극받은 내면 부분에 관해 이야기했다. 나는 치료사와 함께 내 안의 그 부분을 들여다보는 점검 과정에 들어섰다.

"그녀(내면 부분)는 나를 정말 화나게 하고 절망에 빠트려요. 그 바닥엔 불안과 분노가 깔려 있어요. 그녀의 목소리는 긴장되어 있고 소리를 지르고 싶어 해요. 왜 그녀는 매번 똑같은 패턴에 빠지는 걸까요? 지금쯤이면 극복했어야 하는 게 아닌가 싶어요."

치료사는 흥미롭다는 듯 말했다.

"당신이 느끼는 불안에 대해 더 말해 주겠어요?"

"자신이 맡은 역할에 지쳐서 불안한 것 같아요. 그녀는 자신이 모든 걸 처리하거나 열심히 밀어붙이길 바라지 않아요. 그녀는 창조적이고 유연하길 원하죠. 자신에게 필요한 걸 요청하길 원하고, 자질구레한 것들엔 신경 쓰지 않고 싶어 해요. 그녀는 자유롭고 싶어 해요."

"그녀가 만약 그런 통제 역할을 하지 않았다면 어떤 일을 했을까요?"

"창작하고 글을 썼을 거예요. 영혼과 연결되는 통로가 되살아나고, 영적으로 조화를 이루며 자연스러운 흐름을 탔을 거예요. 지금 그녀가 원하는 건 그게 전부예요. 이제 통제 역할은 끝났어요. 그녀는 내려놓을 준비가 됐어요!"

쾅! 그렇게 나의 통제 부분은 마침내 항복했다. 나는 반복해

셀프 헬프

서 말했다. "이제 끝났어."

이것은 나에게 중요한 전환점이 되었다. 치료사도 그 사실을 알고 있었다. 그녀는 그 순간을 포착하고는 이렇게 말했다.

"우와, 그녀를 내려놓을 준비가 되었어요? 통제자 부분을 들여다보는 점검 과정에 들어가 보세요. 그녀가 통제 역할의 짐을 내려놓도록 도울 준비가 되었나요?"

"준비됐어요. 시작해 볼게요."

"좋아요! 우선 당신이 내려놓고 싶은 짐과 부정적인 신념에 이름을 붙여 봅시다."

"그 부담스러운 부분을 나는 '통제자'라 불러요. 그녀는 내가 통제하지 않으면 아무도 통제하지 않을 거라는 믿음을 가지고 있어요."

"당신은 어떤 절차로 그 짐을 내려놓고 싶나요? 내려놓음을 상징하는 자연 요소를 하나 골라 보세요. 빛으로 내보내기, 물에 내맡기기, 불에 태우기, 흙에 묻기, 바람에 날려 보내기. 이 외에도 그 부분을 내려놓기에 적합하다고 생각하는 방식이면 무엇이든 가능해요."

"불에 태워 봅시다!" 나는 열정적으로 대답했다.

"좋아요. 눈을 감고, 당신이 지고 있는 짐이 몸을 떠나 불에 태워지는 모습을 상상해 보세요. 시간을 갖고 그 모습을 천천히 떠올려 봐요." 치료사는 잠시 말을 멈춘 뒤에 물었다.

"어떤 느낌이 드나요?"

나는 안도의 숨을 내쉬며 이렇게 대답했다.

"자유로운 느낌이 들어요. 가슴이 열리는 것 같아요."

"좋아요. 이제 당신 안에 자라나고 있는 새로운 에너지에 잠시 집중해 봅시다. 이 에너지는 당신에게 부담을 주기 전 그 부분이 가진 본래의 성질이었을 겁니다. 지금 그것을 느껴 보세요. 어떤 느낌이 드나요?"

"기쁘고 자유로운 느낌이 들어요. 자유로워진 것 같아요."

그 순간 나는 거의 40년 동안 나와 함께한 내면의 통제자 부분을 내려놓을 수 있었다. 나는 그녀가 그토록 오랫동안 짊어지고 있던 짐에서 자유로워지게 해 주었다.

언덕 꼭대기에 오르자 치료 세션이 끝났다. 나는 나무 아래에 있는, 연못이 내려다보이는 벤치 하나를 발견했다. 거기에 앉아 이 경험을 받아들이고 통합할 내면의 공간을 마련했다. 내 안을 들여다보았다. 내면의 부드러운 에너지를 관찰하는 동안 시야가 또렷해졌고 고요하고 안전한 감각이 나를 감쌌다. 통제에 대한 반복적인 생각의 고리가 깨지면서 마음이 편안해졌다.

나는 고요함 속에 그 부분과 함께 앉아 있었다. 이제 그녀는 고요하다. 우리는 함께 연못을 내려다보았다. 가야 할 곳도 해야 할 일도 없었다. 우리는 함께 쉬었다.

감사의 말

이 책이 결실을 맺게 도와준 수많은 아름다운

이 책이 결실을 맺게 도와준 수많은 아름다운
영혼들이 있었다. 우선 남편 자크에게 고마움을 전한다.
당신의 편집 능력과 명확성, 이 프로젝트에 대한
헌신으로 인해 이 책의 모든 페이지에 당신의 진정한
에너지가 스몄다. 나의 편집자 앤 바텔의 깊은 통찰과
헌신에도 감사한다. 그리고 나의 IFS 가족들에게도
고마움을 전한다. 당신들의 지지와 사랑은 내게 있어
세상의 전부였다. 또한 나의 모든 부분을 사랑하고
돌봐 준 영혼의 자매 제시카 깁슨에게도
특별한 감사를 전한다.

1장

1. Richard C.Schwartz and Martha
   Sweezy,*Internal Family Systems
   Therapy*,2nd ed.(New York:The Guilford
   Press,2002). 한국어판『내면가족체계
   치료』,학지사, 2021.

2.Richard C.Schwartz,*No Bad Parts:
   How the Internal Family Systems
   Model Changes Everything*
   (Boulder,CO:Sounds True,2021).
   한국어판『나쁜 마음은 없다』,
   온마음, 2023.

3장

1. Hilary B.Hodgdon et al.,"Internal
   Family Systems (IFS)Therapy for
   Posttraumatic Stress Disorder
   (PTSD)among Survivors of Multiple
   Childhood Trauma:A Pilot
   Effectiveness Study,"
   *Journal of Aggression, Maltreatment
   & Trauma* 31,no.1 (December 27,2021):
   22–43,https://doi.org/10.1080/1092
   6771.2021.2013375.

2. Mary A.Steinhardt et al.,"The
   Development and Validation of a
   Scale for Measuring Self-
   Leadership,"*Journal of Self
   Leadership* 1 (2003):
   20–31,https://foundationifs.org/

   images/banners/pdf/Journal_for_
   Self_Leadership_Steinhardt.pdf.

3. Shelley A.Haddock et al.,
   "The Efficacy of Internal Family
   Systems Therapy in the Treatment
   of Depression among Female
   College Students:A Pilot Study,"
   *Journal of Marital and Family
   Therapy* 43,no.1 (August 8,2016):
   131–44,https://doi.org/10.1111/
   jmft.12184.

4. Hodgdon et al.,"Internal Family
   Systems Therapy."

5. Anne Böckler et al.,"Know Thy
   Selves:Learning to Understand
   Oneself Increases the Ability to
   Understand Others,"*Journal of
   Cognitive Enhancement* 1,no.2
   (May 16,2017):197–209,https://
   doi.org/10.1007/s41465-017-0023-6.

6. Nancy A.Shadick et al.,
   "A Randomized Controlled Trial of
   an Internal Family Systems–Based
   Psychotherapeutic Intervention on
   Outcomes in Rheumatoid Arthritis:
   A Proof-of-Concept Study,"
   The Journal of Rheumatology 40,no.
   11 (August 15,2013):1831–41,

https://doi.org/10.3899/
jrheum.121465.

7. François Le Doze, "IFS Applied to
Migraine Management:Two Case
Reports,"*Journal of Self Leadership*
2 (2006):37–43.

6장
1. Richard Schwartz, "The Larger Self,"
IFS Institute,https://ifs-institute.
com/resources/articles/larger-self.

8장
1. Veronika Engert et al., "Specific
Reduction in Cortisol Stress
Reactivity after Social but Not
Attention-Based
Mental Training,"*Science Advances*
3,no.10 (October 4,2017), https://doi.
org/10.1126/sciadv.1700495.

9장
1. Bryan E.Robinson,Claudia Flowers,
and Christopher Burris,"An Empirical
Study of the Relationship between
Self-Leadership and Workaholism
'Firefighter'Behaviors,"*Journal of
Self Leadership* 2 (2006):91–98.

10장
1. Dotun Ogunyemi,Nathaniel I.
Sugiyama,and Thomas M.Ferrari,
"A Professional Development
Workshop to Facilitate Self-
Forgiveness,"*Journal of Graduate
Medical Educatio*n 12,no.3
(June 1,2020):335–39,
https://doi.org/10.4300/
jgme-d-19-00570.1.

11장
1. Sarah A.Myers et al., "Relationships
between Self-Leadership,
Psychological Symptoms,
and Self-Related Thought
in an Undergraduate Sample,"
*Psi Chi Journal of Psychological
Research* 25,no.2 (2020):142–50,
https://doi.org/10.24839/2325-
7342.jn25.2.142;Michael Fitzgerald,
"Cool,Calm,and Collected:The
Associations between Self-
Leadership and Adult Mental and
Relational Health Outcomes,"
*The American Journal of Family
Therapy* 50,no.1 (February 2,2021):
57–71, https://doi.org/10.1080/
01926187.2020.1865218.

셀프 헬프(Self Help)

기적 같은 일상을 만드는 내면 통합의 기술

2026년 3월 9일 초판 1쇄 발행

지은이 가브리엘 번스타인 • 옮긴이 이재석
발행인 박상근(至弘) • 편집인 류지호 • 부사장 양동민
책임편집 양민호 • 편집 김재호, 김소영, 최호승, 이란희, 정유리, 이진우 • 디자인 쿠담디자인
제작 김명환 • 마케팅 김대현, 김대우, 이선호, 류지수 • 관리 윤정안
콘텐츠국 유권준, 김희준
펴낸 곳 불광출판사 (03169) 서울시 종로구 사직로10길 17 인왕빌딩 301호
　　　　대표전화 02)420-3200 편집부 02)420-3300 팩시밀리 02)420-3400
　　　　출판등록 제300-2009-130호(1979. 10. 10.)

ISBN 979-11-7261-248-1 (03190)

값 20,000원